Vorwort

Im Jahre 2007 habe ich bei einer Haushaltsauflösung
mehrere Kisten Bücher erhalten.
In einer der Kisten befand sich ein altes Buch, in dem
eine Frau Adele Eschenbrücker all ihre Rezepte, die sie
im Laufe ihres langen Lebens zusammengetragen hat, in
Sütterlinschrift verewigte.
Das Buch fing schon an sich in seine Bestandteile
aufzulösen. Es wäre schade gewesen, diese einzigartige
Sammlung von Rezepten der alten deutschen Küche
dem Papiermüll zuzuführen.
Also entschloss ich mich, das Buch aus der alten
Sütterlinschrift in die heute gebräuchliche deutsche
Sprache zu übersetzen, was recht schwierig war aber
dennoch gelang.
Um die Originalität beizubehalten wurde jedes Rezept
genauso übersetzt, wie es im Handgeschriebenen Buch
steht, mit Schreibweise, Maßen und Fehlern.
Mit dem vorliegenden Kochbuch möchte ich ein Stück
deutscher Kochkultur erhalten und aufzeigen, dass es
sich durchaus lohnt, die Erfahrungen früherer
Generationen nicht in der Versenkung der
Vergangenheit versinken zu lassen.
In diesem Sinne wünsche ich dem Leser und Nutzer des
Kochbuchs viel Spaß beim Ausprobieren der Rezepte.

Dieses Buch ist meiner 1992 verstorbenen Großmutter
Gertrud Reinsch gewidmet, die excellent kochen und
backen konnte.

Udo Reinsch
Berlin im November 2011

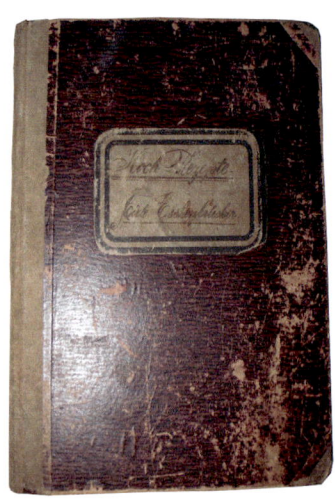

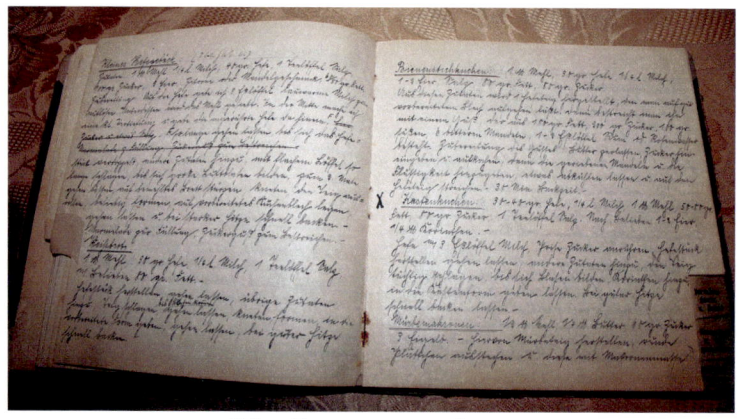

Kochrezepte der
Adele Eschenbrücker

Übersetzt und bearbeitet von Udo Reinsch

Suppen

Erbsensuppe: für 4 Personen.

Zutaten:

½ Pfund Erbsen, Wasser zum Einweichen, 1 ½ l Wasser, 1 Zwiebel, Majoran, 1 Eßlöffel Salz, 30 gr. Speck, 1 Eßlöffel Mehl, 20 gr. Maggi.

Zubereitung:

Erbsen verlesen, waschen, einweichen, mit Einweichwasser aufkochen, dies abgießen, mit neuem heißen Wasser, Zwiebel und Gewürz weich kochen, durchstreichen, Speck ausbraten, mit Mehl durchschwitzen, die Suppe auffüllen, durchkochen, abschmecken. (Salz).

Reissuppe:

Zutaten:

60 – 80 gr. Reis, 1 ¼ l Wasser, ½ Eßlöffel Salz, 1 Zwiebel, Suppengemüse, 1 Eßlöffel Fett, einige Tropfen Maggi.

Zubereitung:

Zuerst wird der Reis gründlich gewaschen und gebrüht, dann mit heißem Wasser aufgesetzt zum weichen, Suppengemüse bereiten, (Petersilie, Möhren und Sellerie) Zwiebel hineingeben und ¾ Std. kochen. Wenn es kocht, Fett oder Speck hinzugeben, würzen mit Maggi und salzen. Verbessern kann man die Suppe durch abziehen mit Eigelb und abschmecken mit 15 gr. geriebenem Käse (Parmesan oder Chester.)

Griessuppe:
Zutaten:
60 gr. Grieß, 1 ¼ l Wasser, Suppengemüse, 1 Zwiebel, 1 – 2 Eßlöffel Salz, 20 gr. Fett, Maggi.
Zubereitung:
Grieß waschen, mit ¼ l kaltem Wasser anrühren. 1 ¼ l Wasser mit Suppengemüse und Zwiebel 10 Minuten kochen lassen. Den angerührten Grieß zugeben und ½ Stunde kochen lassen. Salz, Fett (zerlassen) und Maggi zum schmackhaft machen. Das Fett darf nicht braun werden. Ein Topf, in dem Grießsuppe gekocht wird, darf keinen Deckel haben.

Milchsagosuppe:
1 ¼ l Milch, 1 Stück Zimmt, Salz, Zucker mit Geschmack, 60 gr. Sago. (Sago 1 Stunde – Kartoffelsago. 5 – 10 Minuten. – Tapioka 20 Minuten Kochzeit.)
Milch mit Zimmt, Salz, Zucker kochen lassen, mit Milch angeröstete Sago hinzu, 20 Minuten kochen lassen, unter häufigem Rühren.

Fleischbrühe mit Reis:
½ Pfund Rindfleisch, 1 ¼ l Wasser, Suppengemüse, 1 Gewürzdosis, Salz, ¼ Pfund Reis (1 ½ - 2 Stunde).
Fleisch klopfen, waschen, mit kaltem Wasser aufsetzen, Suppengemüse, Gewürzdosis, gebräunte Zwiebel zugeben, langsam kochen 1 ½ Stunde. Reis waschen, brühen, mit ½ l Fleischbrühe langsam weich kochen. ¾ - 1 Stunde Garzeit

Spargelsuppe:

½ Pfund Spargel, 1 ¼ l Salzwasser, 40 gr. Fett, 2 – 3 Eßlöffel Mehl, Salz, 1 Prise Zucker, nach Belieben 1 – 2 Eigelb.
Spargel waschen, schälen (oben dünn, unten dicker) in 2 cm große Stücke schneiden, in Salzwasser kochen. Helle Mehlschwitze herstellen, mit Spargelbrühe auffüllen, Eigelb herangeben.

Graupensuppe:

60 gr. Graupen, 1 ¼ l Wasser, Suppengemüse, 1 Zwiebel, ½ Esslöffel Salz, 1 Teelöffel Fett. Die Graupen werden mit Wasser oder Fleischbrühe (Hammelbrühe) Suppengemüse, Zwiebel aufgesetzt, 1 ½ - 2 Stunden gargekocht, gesalzen und Fett hinzugegeben.

Backobstsuppe:

150 gr. Backobst, 1 ½ l Wasser, etwas Zitronen Schale, 1 Stück Zimmt, 2 – 3 Eßlöffel Zucker, 1 Eßlöffel Kartoffelmehl.
Das Backobst wird eingeweicht, mit Zitronenschale, Zimmt ¾ Stunde weichgekocht, durch ein Sieb gestrichen, gezuckert und bündig gemacht.

Sauerampfersuppe:

½ Pfund Sauerampfer oder 1/8 l eingemachten Sauerampfer. ½ l Wasser oder Fleischbrühe, ½ l Milch, 3 Eßlöffel Mehl, 1 Eßlöffel Butter, Salz nach Geschmack, 1 Eigelb. Der vorbereitete Sauerampfer wird in Salzwasser 20 – 30 Minuten weichgekocht, durch ein Sieb gegeben. Das mit Milch verquirlte Mehl wird in die kochende Sauerampferbrühe gegeben und aufgekocht. Die Suppe wird mit einem Eigelb abgezogen und Fett hinzugegeben.

Brotsuppe:
½ Pfund Brotreste, 1 ¼ l Wasser, 1 Stück Zimmt oder Zitronenschale, ½ Teelöffel Salz, 2 Eßlöffel Zucker, 20 gr. Corinthen, nach Belieben Obstsaft, 2 – 3 säuerliche Äpfel. Das Brot wird in dem Einweichwasser und dem Zimmt weich gekocht, durch ein Sieb gestrichen, mit Zucker, Salz, Corinthen abgeschmeckt.

Kartoffelsuppe mit Spargel:
¼ - ½ Pfund Spargel, 2 Pfund Kartoffeln, Suppengemüse, Gewürzdosis, Fett, gehackte grüne Petersilie.
Die vorbereiteten Spargel werden in Salzwasser weich gekocht, auf ein Sieb gegeben und die geschälten, in kleine Stücke geschnittenen Kartoffeln in dem Spargelwasser mit Suppengemüse und 1 Gewürzdosis gargekocht. Die Suppe wird durch ein Sieb gerührt, abgeschmeckt, Fett hinzugegeben und vor dem Anrichten gehackte grüne Petersilie.

Biersuppe:
¾ l Bier, ¾ l Milch (oder halb Wasser halb Milch), 1 Stück Zimmt, 1 Priese Salz, 2 – 3 Eßlöffel Zucker, 40 gr. Mehl, nach Belieben 1 Ei.
Das Bier wird mit Zimmt, Salz und Zucker aufgekocht. Die Milch wird aufgekocht und mit dem Mehl, dass mit einem Teil der Milch verquirlt wird, bündig gemacht. Das Bier wird in diese Flüssigkeit gegeben und die Suppe nach Belieben mit einem Eigelb abgezogen und Eierschnee durchgezogen.

Graupen i (n der) Kochkiste:
½ Pfund Graupen, 1 ¼ - 1 ½ l Wasser, ½ Esslöffel Salz, nach Belieben 2 Eßlöffel Zucker, etwas Citronen Schale oder Zimmt.
Graupen waschen, einweichen, mit Einweichwasser aufsetzen, 10 Minuten ankochen, in die Kiste stellen, nach 2 Stunden sind sie gut.

Apfelsuppe:
1 ½ Pfund Äpfel, 2 – 3 Eßlöffel Zucker, Schale von 1/3 Citrone, 1 ¼ l Wasser, 1 Priese Salz, 30 gr. Mondamin.
Äpfel in 4 Stücke geschnitten, mit 1 ½ l kaltem Wasser und Citronen Schale aufsetzen, weichkochen, durchschlagen, Zucker reingeben, aufkochen, Mondamin oder Stärke mit etwas Milch angerührt, herangeben, aufkochen lassen und mit 1 Priese Salz abschmecken.

Haferflockensuppe mit Äpfeln:
60 gr. Haferflocken, 1 ¼ l Wasser, nach Belieben mit Milch gemischt, ¼ Citronen Schale, 1 Teelöffel Salz, Zucker nach Geschmack, 3 – 4 saure Äpfel, 1 Stück Butter.
Haferflocken waschen, in der Flüssigkeit mit Salz und Citronen Schale weich kochen, durchschlagen, Zucker reingeben und die vorbereiteten in 8 Teile geschnittenen Äpfel in der fertigen Suppe weich kochen. ½ Stunde Kochzeit.

Fliederbeerensuppe:

1 Pfund Beeren, 1 ¼ l Wasser, 3 Äpfel, Zucker nach Geschmack, 1 Eßlöffel Kartoffelmehl, Citronen Schale oder Zimmt, 1 Priese Salz.

Beeren mit einer Gabel abstreifen, waschen, mit Wasser, Äpfeln und etwas Citronen Schale weich kochen, durchschlagen, mit 1 Priese Salz und etwas Zucker abschmecken. Das mit Wasser angerührte Kartoffelmehl zugeben.

Gemüse-Suppe:

1 ½ l Brühe oder Wasser, verschiedene Gemüse, wie Wirsing, Möhren, Kohlrabi, Blumenkohl, Bohnen und Erbsen; Sellerie, Gewürzdosis, in Scheiben geschnittene Zwiebel (geröstet), Salz und Fett.

Von den vorgerichteten Gemüsen zuerst Kohl und Bohnen in die kochende Brühe geben, dann Kohlrabi, Möhren, Erbsen und Blumenkohl; Gewürzdosis, Zwiebel und Salz dazu, weichkochen, zuletzt gehackte Petersilie.

Ochsenschwanzsuppe:

1 – 1 ½ Pfund Ochsenschwanz, 2 l Wasser, 70 gr. Fett, 60 gr. Mehl, reichlich Suppengemüse, 2 Pfeffer-, 2 Gewürzkörner, ½ Stück Lorbeerblatt, 50 gr. rohen gehackten Schinken, 1 kleine Zwiebel, 1/8 l Rotwein, 1 Teelöffel Cognak, 1 Messerspitze Paprika, 1 Priese Zucker, Salz nach Geschmack.

Den Ochsenschwanz in 3 – 4 cm Stücke schneiden, waschen, in dem Fett anbräunen, Suppengemüse, Gewürzdosis, Zwiebel, Schinken durchdünsten, Wasser auffüllen, durchkochen lassen. Fleisch herausnehmen, vom Knochen entfernen und in Stücke geschnitten wieder hineingeben. Rotwein und Cognak zugeben, Paprica, Zucker und Salz. Mit Rotwein und Cognak darf die Suppe nicht mehr aufkochen, da der Geschmack verloren geht.

Selleriesuppe:
1 große Knolle Sellerie, nach Belieben 1 Pfund Kartoffeln, 1 ¼ l Brühe oder Wasser, Salz, 1/8 l Sahne oder Milch, nach Belieben ein Eigelb, 1 Eßlöffel Fett, 1 Eßlöffel Mehl.
Sellerie schälen, klein schneiden, mit Brühe oder Wasser aufsetzen, mit den in Stücke geschnittenen Kartoffeln weich kochen, durchschlagen; mit Mehlschwitze bündig machen, Sahne oder Milch auffüllen. Die Suppe mit Eigelb abziehen.

Rumfordsuppe:
100 gr. gelbe Erbsen, nach Belieben Knochen von Kasseler Rippenspeer oder andere Schweineknochen, 1 ¼ l Wasser, 50 gr. Graupen, 50 gr. rohe Kartoffeln in Würfel geschnitten, Suppengemüse, ½ l Wasser, 1 Zwiebel. Die eingeweichten Erbsen mit Zwiebel, Brühe oder Knochen weichkochen, durchschlagen. Die vorbereiteten Graupen ebenfalls mit Zwiebel und Suppengemüse weichkochen und zu der Erbsensuppe geben. Die gebrühten Kartoffelwürfel hierin weichkochen lassen und zum Schluß die Suppe abschmecken, wenn nötig, mit einer Mehlschwitze (1 Eßlöffel Fett, 1 Eßlöffel Mehl) bündig machen.

Braune Mehlsuppe oder falsche Schokoladensuppe:

60 gr. Mehl, 1 l kochende Milch, 1/8 l kalte Milch oder Wasser, 2 gestoßene Nelken, 1 Stück Vanille, 1 Stück Zimmt oder feinen Zimmt, ½ Teelöffel Salz, Zucker nach Geschmack, nach Belieben 1 Ei.

Mehl rösten, kalte Milch zugeben, gut verrühren. 1 l Milch mit den Gewürzen 5 Minuten kochen lassen und zu dem Mehl geben. Mit Salz und Zucker abschmecken, eventuell mit Ei abziehen, (die Gewürze möglichst in einem kleinen Mullbeutelchen zur Milch geben.

Muschelsuppe:

1 Pfund Muscheln, kochendes Salzwasser, 1 Zwiebel, 2 Pfeffer- und Gewürzkörner, 50 gr. Fett, 50 / 70 gr. Mehl, 1/8 l Milch, 1/8 l Apfel- oder Moselwein, Salz, Pfeffer nach Geschmack, nach Belieben ein Eigelb, (mit der Muschelbrühe flüssig machen.)

Die Muscheln reinigen, in kochendem Salzwasser, mit Zwiebel und Gewürz kochen bis sie aufspringen , aus der Muschel das Fleisch nehmen und vorbereitet in die aus obigen Zutaten hergestellten Suppe geben.

Saucen

Kerbeltunke:

Zutaten: 40 gr. Fett, 1 Zwiebel, 60 gr. Mehl, 3/8 l Brühe, 1/8 l Milch, 2 Eßlöffel gehackten Kerbel, Salz nach Geschmack.
Zubereitung: helle Mehlschwitze herstellen, Fischbrühe und Milch auffüllen, durchkochen und mit dem Kerbel versehen.

Tomatentunke: (eingekochter Tomatenbrei)

Zutaten: 1 Eßlöffel Fett, 1 Zwiebel, 2 Eßlöffel Mehl, 2 – 3 Eßlöffel Tomatenbrei, ½ l Fleischbrühe oder Wasser, Salz, Pfeffer, Zucker zum Abschmecken, 1 Gewürzdosis, Maggi.
Zubereitung: helle Mehlschwitze herstellen, Tomatenbrei, Fleischbrühe, Salz, Pfeffer und Zucker hinzugeben.

Pertersilientunke zu Fisch:

Zutaten: 40 gr. Fett, Zwiebel, 2 Eßlöffel Mehl, 3/8 l Fischbrühe, 2 Eßlöffel gehackte Petersilie.

Meerrettich-Tunke:

1 Eßlöffel Fett, 2 Eßlöffel Mehl, Milch.
Meerrettich schälen, waschen, mit Zitrone und Essig etwas einreiben und in etwas Milch gerieben, damit er die Farbe nicht verliert. Ganz helle Mehlschwitze herstellen, mit Brühe aufkochen lassen. Meerrettich zugeben, darf aber nicht mitkochen, da Meerrettich sonst den Geschmack verliert.

Tomatentunke: (frische Tomaten)

40 gr. Fett, (Speck), 1 Zwiebel, ¼ - ½ Pfund Tomaten, 2 – 3 Eßlöffel Mehl, ½ l Brühe oder Wasser, Salz, Pfeffer, 1 Prise Zucker.
Fett auslassen, Tomaten in Stücke geschnitten, hierin durchdünsten mit Zwiebel, Mehl zugeben, Brühe oder Wasser auffüllen, durchs Sieb geben, mit Salz, Pfeffer und Zucker schmackhaft machen. Die Tunke kann man verbessern durch Zugabe von rohem Schinken oder Speckschwarte. (mit Tomaten durchdünsten.)

Mustunke:

Beliebiges Obstmus am besten Pflaumenmus wird mit Wasser nach Geschmack verdünnt, mit Zitronenschale oder Zimmt aufgekocht, gesüßt, und mit Stärke (Mondamin) gedickt.

Gemüse

Erbsenbrei:

Zutaten:
600 gr. Erbsen, 1 Zwiebel, etwas Majoran, Fleischbrühe oder Wasser, Salz, 1 Eßlöffel Fett, Maggi.
Zubereitung: Erbsen auslesen, in Wasser setzen zum weichen, mit Einweichwasser kochen, abschütten, mit neuem Wasser oder Fleischbrühe aufsetzen, 1 Zwiebel und etwas Majoran hineingeben. 1 ½ Stunde Kochzeit, durchschlagen. Fett oder Speck ausbraten und mit dem Brei vermischen, bergförmig anrichten.

Sauerkraut:

Zutaten:
1 ½ Pfund Sauerkohl, 1 Eßlöffel Schmalz, 1 Zwiebel, kochendes Wasser, 1 Teelöffel Zucker, 1 rohe geriebene Kartoffel.
Zubereitung: Sauerkraut waschen, Fett zerlassen, Zwiebel hinein, den gewaschenen Kohl hineingeben, aufdünsten, mit kochendem Wasser gut bedecken, 1 Stunde Kochzeit. 1 rohe geriebene Kartoffel, wenn er fertig ist zum sämig werden, etwas Zucker und wenn notwendig etwas Salz.

Salzbohnengemüse:
Zutaten:
2 Pfund eingestampfte Salzbohnen, Wasser, Bohnenkraut, 1 Eßlöffel Fett, 1 Eßlöffel Mehl, 1 Prise Zucker.
Zubereitung: Bohnen waschen, mit kaltem Wasser einweichen, mit frischem kalten Wasser aufstellen, so daß sie gut bedeckt sind, Bohnenkraut, Pfeffer reingeben, 1 ½ Stunde kochen lassen und mit einer hellen Mehlschwitze fertig machen.

Weisse Bohnen:
Zutaten:
1 Pfund weiße Bohnen, 1 Zwiebel, 1 Gewürzdosis, Salz.
Zubereitung: Einweichen, mit Einweichwasser kochen, abgießen und mit heißem Wasser aufsetzen, Zwiebel reingeben, Pfeffer, Gewürzkörner und Lorbeerblatt und Salz. 1 ½ Stunde Kochzeit. Die Bohnen müssen mit Wasser bedeckt sein.

Rübstiel:
2 Pfund Rübstiel, Wasser zum abwellen, Brühe, 2 Eßlöffel Fett, 1 Eßlöffel Mehl, Salz, ½ Stunde Kochzeit. 1 Pfund Schweinefleisch, 1 Gewürzdosis.
Der Rübstiel wird von den Blättern befreit, die Stiele gewaschen, in kleine Stücke geschnitten, abgewallt, in der Schweinefleischbrühe 1 ½ Stunde gargekocht, mit Mehl bündig gemacht. Das Mehl wird mit kaltem Wasser angerührt.

Spargelgemüse:

2 Pfund Spargel, kochendes Salzwasser, 1 Prise Zucker, 1 ½ Esslöffel Fett, 2 Eßlöffel Mehl, etwas Milch, 1 Eigelb. Der in Stücke geschnittene Spargel wird in Salzwasser und 1 Prise Zucker weich gekocht, auf einen Durchschlag geschüttet. Man macht eine helle Mehlschwitze, füllt sie mit Milch und Spargelbrühe auf, rührt sie mit 1 Eigelb ab und gibt den weichgekochten Spargel in die Tunke.

frische grüne Bohnen:

1 ½ Pfund junge Bohnen schnippeln, mit kochendem Wasser und Bohnenkraut aufsetzen und weich kochen. Mehlschwitze herstellen aus 1 Eßlöffel Fett und einem Eßlöffel Mehl, mit Salz abschmecken. Grüne Petersilie nachher durchschwenken.

Kohlrabi mit Hammelfleisch:

10 – 12 Stück Kohlrabi, ½ Pfund Hammelfleisch, 2 l Wasser, 1 Eßlöffel Salz, 1 Gewürzdosis, wenn nötig, 1 Eßlöffel Fett, 1 – 2 Eßlöffel Mehl. Das Hammelfleisch wird mit Salzwasser und 1 Gewürzdosis aufgesetzt, der vorbereitete Kohlrabi dazu gegeben und gargekocht. Man stellt eine helle Mehlschwitze her, füllt mit Kohlrabi-Fleischbrühe auf und gibt die weich gekochten Kohlrabi hinein.

Schmorgurken: (lange, grüne Gurken.)

4 Pfund Gurken, 1 – 2 Eßlöffel Salz, 1/8 l Essig, gestoßenen Pfeffer, 1 große Zwiebel, ¾ l Brühe oder Wasser, 50 gr. Speck, 2 Eßlöffel Mehl, Salz, Zucker, Essig nach Geschmack.
Gurken schälen, den Länge nach auf die Hälfte schneiden, alle weichen Teile herauskratzen und die Gurken in fingerlange Stücke schneiden. Dann werden sie mit Salz, Pfeffer, Brühe, Zwiebelscheiben vorsichtig nicht zu weich gekocht. Speck, Mehl und Brühe werden zu einer braunen Tunke verkocht und in dieser die Gurken noch 20 Minuten vollständig weich gekocht. Mit Essig, Salz und etwas Zucker noch abschmecken.

Gefüllte Kohlrabi:

8 Kohlrabi, kochendes Salzwasser, 1/2 Pfund Gehacktes, 1 Ei, 1 Semmel, Pfeffer, Salz, Zwiebel, nach Belieben gekochte Kartoffeln, 2 Eßlöffel Fett, Fleischbrühe oder Wasser, Mehl.
Kohlrabi schälen, in Salzwasser 5 – 10 Minuten halbweich kochen lassen, dann aus dem Wasser herausnehmen, oben einen Deckel abschneiden, mit einem Kartoffelbohrer aushöhlen. Das Gehackte fertigmachen, die Kohlraben damit füllen, mit dem Deckel schließen, mit einem Baumwollfaden über Kreuz zubinden und in Fett und Brühe schmoren. Nach dem anbraten Topf zudecken.

Mangoldgemüse:

2 – 3 Pfund Mangold oder Spinat, kochendes Salzwasser, 1 Prise Natron, 1 ½ Esslöffel Fett, 1 Zwiebel, 2 Eßlöffel Mehl, ungefähr ½ l Brühe oder Wasser, Salz, Zucker, Muskat nach Geschmack.

Gemüse waschen, in kochendem Salzwasser mit etwas Natron aufkochen, auf ein Sieb geben, mit kaltem Wasser überbrausen, abdrücken und durch Fleischmühle drehen. Etwas Fett in den Topf, 1 Zwiebel in Würfel geschnitten, den Brei reingeben, 2 Eßlöffel Mehl darüber streuen und Brühe auffüllen. Salz, eine Kleinigkeit Zucker und Muskat zum Abschmecken.

Die Gemüsestiele abziehen, in 3 cm lange Stücke schneiden, in Salzwasser weichkochen, abgießen, eine helle Mehlschwitze herstellen, Brühe auffüllen, die Tunke mit Eigelb abziehen, abschmecken mit Salz und ein wenig Citronen Saft.

Fleischbrühe – Reis:

¼ Pfund Reis, ½ - ¾ l. Brühe oder Wasser mit Suppengemüse, ½ Esslöffel Salz, wenn nötig, etwas Fett und Maggi.

Reis waschen, abbrühen, mit heißer Brühe wieder aufsetzen. ¾ Stunde Garzeit. (irdener oder Emailletopf.) In ausgefettete Form fest füllen. (Die Form in heißem Wasser aufbewahren.) Nach 10 Minuten stürzen. Zum Garnieren können geröstete Kartoffeln und Petersilie gebraucht werden.

Schmorkohl:

4 Pfund Weißkohl, 60 gr. Fett, 1 Zwiebel, 2 Äpfel, kochendes Wasser, Essig, Salz und Zucker nach Geschmack, 1 rohe geriebene Kartoffel.

Gefüllter Kohl:
1 mittelgroßer Kopf Weißkohl, kochendes Salzwasser, Fleischfüllung von ¾ Pfund Gehacktem, einem Ei, Salz, Pfeffer, Zwiebel, Semmel oder Kartoffeln, wenn nötig Wasser oder saure Milch. Kohlblätter in dem Salzwasser 5 – 10 Minuten kochen lassen, auf einem sauberen Tuch trocknen-
Zur Tunke: 30 gr. Fett, 40 gr. Mehl, ½ - ¾ l. Brühe, Salz und Muskat zum Abschmecken, nach Belieben etwas Milch oder man bräunt die Kohlrollen in etwas Fett an, gießt kochendes Wasser hinzu und schmort sie gar. Man verändert die Tunke durch Zugabe von ½ Pfund Tomaten; die Tomaten in Stücke schneiden, mit schmoren lassen mit einer Zwiebel und durch's Sieb geben.

Tomaten (gefüllt mit Fleisch):
6 – 8 feste Tomaten, ¼ - ½ Pfund Gehacktes oder fein gehacktes Kalbfleisch, 1 Eigelb, 1 Eßlöffel Sahne, 2 Teelöffel geriebene Semmel, 20 gr. Speckwürfel, Salz, Pfeffer nach Geschmack, 1 Eßlöffel Fett.
Tomaten waschen, trocknen, Deckelchen abschneiden, die kernige Masse herausnehmen. Die Fleischmasse fertigmachen, reinfüllen, mit etwas geriebenem Parmesankäse überstreuen. Dicht nebeneinander in Bratpfanne legen, das heiße Fett herübergeben; unter häufigem Beschöpfen ½ Stunde dünsten lassen.

Tomaten (gefüllt mit Reis):
Einen nicht zu breiigen Reis mit Salzwasser und Brühe kochen, in Tomaten füllen, mit Deckel verschließen und etwa 20 Minuten nachgaren lassen.

Wirsing – Kohl:

2 Pfund Kohl, kochendes Salzwasser, Fleischbrühe, 1 ½ Esslöffel Fett, 2 Eßlöffel Mehl, Salz, Muskat, etwas Maggi, 1 Priese Pfeffer.
Der Kohl wird verlesen, geschnitten, in kochendem Salzwasser abgewellt, abgegossen, mit Fleischbrühe aufgefüllt, gargekocht. Mit einer Mehlschwitze bündig gemacht, mit Salz, Muskat, Maggi und Pfeffer abgeschmeckt. (hat man keine Fleischbrühe, so setzt man ihn mit kochendem Salzwasser auf und gibt eine Zwiebel und Maggi hinzu.)

Gebackener Blumenkohl:

1 mittelgroßer Kopf Blumenkohl, kochendes Salzwasser, 1 Priese Zucker, 50 gr. Fett, 50 gr. Mehl, 1/8 l Milch, nach Belieben ein Eigelb, Salz, Muskat, 1 TL flüssige Butter, 1 TL geriebenen Käse. Blumenkohl in kaltes Salzwasser legen; dann in kochendem Salzwasser ½ Stunde gar kochen. Eine ziemlich bündige Tunke herstellen aus dem Fett und Mehl, etwas Milch mit Brühe auffüllen, mit Eigelb abziehen. Form mit Fett ausstreichen, Blumenkohl hereingeben; Die fertige Tunke herübergeben bis zur Hälfte, einige Butterflöckchen darüber geben, und Paniermehl und geriebenen Käse. Mit Oberhitze ½ Stunde in gut geheiztem Ofen backen. (Einen Topf mit Wasser darunter stellen.)

Steckrübengemüse:
2 – 3 Pfund Steckrüben, kochendes Salzwasser, 60 gr. Fett, ½ Esslöffel Zucker, 30 gr. Mehl, ¾ l Brühe oder Wasser, 1 Gewürzdosis, Salz, 1 Priese Majoran, Maggi. Steckrüben vorbereiten, in kochendem Salzwasser abwellen. Fett bräunen, Zucker hineingeben und braun werden lassen, dann Mehl hinzu und bräunen. Wasser oder Brühe auffüllen und die eben abgewellten Steckrüben in dieser Tunke weich schmoren lassen. (Auf dieselbe Weise bereitet man Teltower Rübchen.)

Schwarzwurzelgemüse:
1 – 1 ½ Pfund Schwarzwurzel, 1 Eßlöffel Fett, 2 Eßlöffel Mehl, 1/8 l Milch oder Sahne, Salz, wenig Muskat.
Schwarzwurzel schaben, in Essig legen, damit sie nicht schwarz werden. (Auf 1 l Wasser 1 Eßlöffel Essig und 1 Eßlöffel Mehl.) in Salzwasser abkochen, helle Tunke herstellen (mit der Brühe) und Schwarzwurzel hineingeben. Veränderung des Gerichts durch Backen in der Auflaufform.

Saure Linsen:
¾ Pfund Linsen, (weiches Wasser zum einweichen und aufsetzen mit etwas Natron, Einigemal das Wasser abgießen, bis es klar ist, während des Kochens,) 1 Zwiebel, Salz.
Zur Tunke: 50 gr. Fett, (Speck und Margarine) 1 Zwiebel, 25 gr. Mehl, Essig, Pfeffer, Zucker, Salz.
Linsen nachdem sie weichgekocht sind abgießen, aus obigen Zutaten Tunke herstellen, Linsen hereingeben, zuletzt Salz und abschmecken. Kochzeit 2 Stunden.

Braten

fette Braten setzt man mit heißem Wasser auf
magere Braten setzt man mit etwas Butter auf

Schweinebraten: (Kammstück, Halb-Schinken-[...?])

Zutaten: 1 Pfund Schweinefleisch, Salz, kochendes Wasser, ½ Eßlöffel Kartoffelmehl, nach Belieben 2 – 3 Gewürzkörner, Zwiebel.

Zubereitung: Fleisch klopfen, waschen, mit Salz einreiben, 20 Minuten stehen lassen, in heißem Wasser und Bratpfanne aufsetzen, etwas kochendes Wasser darüber gießen und 1 ½ - 2 Stunden braten lassen; oft begießen stets neben das Fleisch. Die Tunke mit ½ Eßlöffel Kartoffelmehl. Bei einer klaren Tunke braucht man Kartoffelmehl, bei einer trüben Weizenmehl.

Geschmortes Hammelfleisch:

1 ½ - 2 Pfund Hammelfleisch, Salz, 80 gr. Butter oder Hammelfett, kochendes Wasser, 1 Gewürzdosis, ¼ l saure Sahne, Milch oder Buttermilch, 1 Eßlöffel Mehl.

Das Hammelfleisch wird von den Knochen und Fett gelöst, geklopft, gewaschen, gesalzen, mit 2 – 3 Eßlöffel Senf bestreichen, in siedendem Hammelfett oder Butter von allen Seiten braun anbraten. Dann füllt man kochende Hammelfleischbrühe oder Wasser hinzu (½ bedecken) gibt eine Gewürzdosis und Zwiebel in die Flüssigkeit und lässt das Fleisch 1 ½ - 2 Stunden schmoren. Die Hammelknochen lässt man in Salzwasser mit Zwiebel und 1 Gewürzdosis auskochen und verwendet die Brühe zum schmoren des Fleisches oder für Gemüse. Die Sauce des Fleisches wird mit Weizenmehl, welches mit Milch verquirlt wird, bündig gemacht.

Rinderschmorbraten:
1 ½ - 2 Pfund Oberschale, (im Innern nach der Keule) 40 gr. Fett, Pfeffer, Salz, Zwiebel, kochendes Wasser, saure Milch.
Fleisch klopfen, waschen, trocknen, mit Salz und Pfeffer einreiben. Fett in Kasserolle braun werden lassen. Das Fleisch ins Fett geben, von allen Seiten braun anbraten, dann kochendes Wasser bis zur Hälfte des Fleisches reingeben, mit festem Deckel auf dem Topf schmoren lassen. Zur Tunke nimmt man saure Milch mit 2 Eßlöffel Mehl verquirlt und gibt sie an die Brühe und etwas Salz.

frische Bratwurst:
1 Pfund Bratwurst, abspülen und waschen, in eine Schüssel legen und mit kochendem Wasser überbrühen, in Mehl wälzen, und schön in heißem Fett knusprig 10 Minuten braten, während des Bratens beschöpfen und einmal wenden.

Tips zum Braten:

Braten: kalt einstellen, so hoch wie möglich mit wenig Wasser. 3/3, nach 40 – 50 Minuten mit stärkerer Oberhitze, also auf 2/1 umschalten. Zum Nachgießen heißes Wasser nehmen.

Ente mit wenig Wasser 3/3, wenn sich der Rücken bräunt, Fett abnehmen, wenden, heißes Wasser nachgießen, auf 2/1 umstellen, zum Schluss mit kaltem Salzwasser übersprühen 10 Minuten 3/0 schalten.

Kleine Braten: Filet etc. Mittelschiene auf Sieb. Blech unten mit Tomaten und Zwiebel, wegen Bräune.

Fleischgerichte

Bratklopse:
Zutaten:
½ Pfund Gehacktes, 1 Zwiebel, 1 Eßlöffel Salz, gemahlener Pfeffer, 1 Ei, 1 Schnitte Weißbrot, Brötchen, 50 gr. Fett zum Braten.
Zubereitung: Gehacktes und Zwiebel durch Mühle mahlen, ebenso gekochte Kartoffel, Weißbrot in lauwarmen Wasser einweichen und ausdrücken und zum gemahlenem Fleisch geben, Pfeffer und Salz hinzu. Klopse formen und panieren in geriebenem Brötchen, braten in Speck, Fett oder Schmalz, 5 – 7 Minuten Bratzeit. Man stellt sie an die Seite des Herdes, deckt aber nicht zu.

Rindfleischrollen:
1 Pfund in Scheiben geschnitten, 1 Eßlöffel Salz, etwas gestoßener Pfeffer, 50 gr. fetter Speck, 1 Zwiebel, 1 Eßlöffel Mehl, 1 Eßlöffel Fett, wenn nötig, etwas Kartoffelmehl. Scheiben klopfen, waschen, mit Salz und Pfeffer einreiben, Speck und Zwiebel in Würfel schneiden, darauf streichen, aufrollen, mit Hölzchen zustechen, in Mehl wenden. Fett gut heiß werden lassen. Rollen darin anbraten. Kochendes Wasser an die Seite der gebratenen Rollen geben bis sie gut 2/3 in der Flüssigkeit liegen. Topf zudecken und langsam an der Seite des Herdes schmoren lassen, ab und zu begießen (1 ½ Stunde Garzeit) Tunke wenn nötig, mit Kartoffel-Mehl oder Maizena bündig machen. Auf runder Schüssel anrichten und Tunke darüber geben.

Grützeschnitten:

200 gr. Grütze oder feine Graupen, knapp 1 Eßlöffel Salz, Schale von 1/3 Zitrone, 4 Eßlöffel Mehl, 80 gr. Fett zum Backen -Zucker –
Grütze abschwemmen, mit Flüssigkeit, Salz, Zitrone aufsetzen und ausquellen lassen, (1 ½ - 2 Stunden) in Formen füllen, erkalten lassen, stürzen, in Scheiben schneiden, in Mehl oder Reibbrot wenden, in Palmin backen. (5 Minuten)

Königsberger Klopse:

½ Pfund Gehacktes (halb Schwein-, halb Rindfleisch) geriebene Zwiebel, gemahlener Pfeffer, ½ Esslöffel Salz, 1 – 2 Brötchen, 3 gekochte Kartoffeln, ½ Ei.
Alles vermischen und formen, Salzwasser und 1 Gewürzdosis zum Kochen der Klopse (10 – 15 Minuten)
Zur Tunke:1 Eßlöffel Fett, 2 Eßlöffel Mehl (ganz helle Mehlschwitze) nach Belieben etwas Milch, Salz, Essig oder Zitronensaft, 1 Priese Zucker, 1 Teelöffel Kapern (Firma Appels).
Auf runder Schüssel anrichten mit Tunke darüber.

Pichelsteiner Fleisch: (Bayr. Nationalgericht)

½ Pfund Rindfleisch (Zungenstück), 50 gr. Fett, Salz, Pfeffer, 1 Zwiebel in Würfel geschnitten, 3 – 4 Möhren, kleiner Kopf Blumenkohl, 6 – 8 Kohlrabi, 1 Pfund Erbsen, etwa 1 ½ - 2 Pfund Kartoffeln, 1 – 2 l Brühe oder Wasser, 1 Gewürzdosis.

Fleisch klopfen, waschen, in 2 cm große Stücke schneiden, Salz, Pfeffer darüber streuen, in heißem Fett anbräunen, Wasser oder Fleischbrühe (bis zur Hälfte) hinzugeben. Möhren, Erbsen, Blumenkohl, Kohlrabi vorbereiten. (Blumenkohl vorher in Salzwasser stellen, 1 Kopf mindestens 2 Stunden) Alles Gemüse zugeben, 2 Stunden Garzeit. Blumenkohl erst die letzten 20 Minuten reingeben. Kartoffeln in 16 Teile geteilt, ½ Stunde vor Garzeit. Vorher Kartoffeln mit kaltem Wasser aufsetzen, einmal aufkochen lassen und dann zu dem Fleisch geben.

Gulasch: (im Reisrand)
1 Pfund Rindfleisch (halb Bug, oder Schwanzstück, [...?]), 1 Eßlöffel Fett, ½ Esslöffel Salz, 1 Eßlöffel Mehl, 1 Zwiebel, kochendes Wasser. Das Fleisch klopfen, waschen, in 2 cm große Stücke schneiden. Fett zerlassen, Gulasch-Stücke hineingeben, etwas Mehl darüber streuen, anbraten, Brühe zugeben bis zur Hälfte, eine Zwiebel in Stücke geschnitten dazu, an der Seite des Herdes mit Deckel schmoren lassen.

Braunes Fleischgericht mit Blätterteig – Halbmonde:
1 Pfund schieres Rindfleisch, 1 – 2 Eßlöffel Fett, 2 Eßlöffel Mehl, 1 Zwiebel, 1 Gewürzdosis, Salz, Pfeffer oder Paprica, 2 – 3 Eßlöffel Rotwein, Zucker nach Geschmack, Citronen Saft. Das vorbereitete, in Stücke geschnittene Fleisch wird abgekocht und eine braune Tunke aus obigen Zutaten dazu hergestellt. Zur Verlängerung des Gerichtes gibt man Fleischklößchen, Champignons, abgekochte Morchel, Perlzwiebel oder Mixed Pickles hinein. Zur Verzierung Blätterteig – Halbmonde und in Rundform gebackener Kartoffelbrei. In tiefer runder Schüssel anrichten.

Pikante Hammelkeule:
10 – 12 Pfund, ¼ Pfund Speck, 3 – 4 Sardellen, 2 saure
Gurken, 4 Eßlöffel Senf, 2 Eßlöffel Oel, Rotwein, 100 gr.
Fett zum Braten, kochendes Wasser, Mehl und 1/8 l
saure Sahne zum bündig machen.
Das Fleisch vorbereiten, Fett und Knochen entfernen,
mit Salz einreiben, mit Speckstreifen spicken, ebenso die
inzwischen gewaschenen und in Stücke geschnittenen
Sardellen ins Fleisch stecken, wie auch die Gurken. Die
ganze Keule mit Oel und Senf, vorher verquirlt,
einreiben, in die Kasserolle geben und Rotwein bis zur
Hälfte herübergießen, nach einem Tag wenden in
Rotwein. 1 ½ - 2 Stunden Schmorzeit. Tunke wie oben
angegeben bündig machen.

Hammelpilaw:
[Hinter- oder Vorderkeule] ¾ - 1 Pfund Hammelfleisch,
1 – 2 Eßlöffel Fett, Salz, Pfeffer, Zwiebel, Brühe oder
Wasser. ¼ Pfund Reis mit 50 gr. Fett und ½ l Wasser,
weißes Suppengemüse (Selleriewurzel und Petersilie) 2 –
3 Eßlöffel Tomatenbrei.
Herstellen des Tomatenbreis: Tomaten mit Salz
aufsetzen, schmoren lassen und durchschlagen.
Das Hammelfleisch vorbereiten, in Stücke schneiden,
mit Salz und Pfeffer einreiben, Fett bräunen, Zwiebel
hinzu, Fleischstücke hinein, etwas Wasser nachher hinzu
und hierin schmoren lassen.
Reis abbrühen, in der Brühe und dem Fett und
Suppengemüse gar kochen, ½ - ¾ Stunde Garzeit. Dann
das Fleisch hereingeben und den Tomatenbrei und
tüchtig vermengen.

Deutsche Beefsteak:
½ - ¾ Pfund schieres Rindfleisch (am besten ungehackt) Salz, Pfeffer nach Geschmack, 20 gr. zerlassene Butter, 1 Semmel oder 2 gekochte Kartoffeln, wenn nötig etwas Wasser. Fleisch in Stücke schneiden, alle Sehnen und Häute entfernen, waschen, durch die Mühle geben, übrige Zutaten hinzu. Der Teig darf nicht zu lose sein. Dann formen, oben einkerben; in reichlich brauner Butter braten. 1 Zwiebel in Scheiben oder Würfel geschnitten in Fett dünsten und nach dem Braten oben über die Klopse geben.

rohes Beefsteak – Beefsteak à la tartar:
Schabfleisch mit Salz und Pfeffer abschmecken, zum Beefsteak formen, in der Mitte eine Vertiefung machen, ein Eigelb hineingeben, mit Zwiebelscheiben, Kapern und Gurke garnieren.

Filetbeafsteak à la Nelson:
1 Scheibe Filet (1/4 Pfund) Salz, Pfeffer, 50 gr. Butter, 80 gr. Kartoffeln, eine Messerspitze Zwiebelwürfel, 3 – 4 Champignons, 2 Eßlöffel dicke saure Sahne oder 3 Eßlöffel Wasser mit etwas Fleischextrakt verrührt.
Fleisch klopfen, mit Salz und Pfeffer einreiben, mit etwas Mehl bestreuen, in 20 gr. Butter 1 Minute auf jeder Seite schnell anbacken, rausnehmen, die übrige Butter auch bräunen. Man gibt die 5 Minuten gekochten und abgegossenen Kartoffelwürfel in das bestimmte Töpfchen (Nelsontopf) fügt Champignons (aufbrühen), Mixed Pickles oder etwas Senfkörner hinzu und Zwiebel, dann das Filet und die mit Sahne verquirlte Butter. Fest zugedeckt wird dieses 3 Minuten bei starker Hitze geschmort und 4 Minuten an der Seite ziehen gelassen. Man gibt das Beefsteak in dem Gefäß zu Tisch.

Zunge in Gelee:
Eine Pökel-Zunge, mit reichlich Wasser, Gewürz und Zwiebel weichkochen, herausnehmen, nach dem Erkalten in Scheiben schneiden, die Brühe durch ein Sieb gießen, recht kräftig mit Salz und Essig abschmecken, nach Belieben etwas Wein hineingeben und messen. Auf 1 l nimmt man 32 – 36 gr. weiße Gelatine, 1 – 2 Eiweiß und die Eierschalen. Dieselben werden gründlich gewaschen, zerbröckelt und mit dem Eiweiß tüchtig verklopft. Die Gelatine wird eingeweicht. Dann gibt man alles: Eiweiß mit Eierschalen und Gelatine in die heiße Flüssigkeit und lässt sie unter ständigem Schlagen mit Schneeklopfer bis zum Kochen kommen. Dann 20 Minuten an der Seite des Herdes stehen lassen. Das Ganze durch ein Tuch gießen, bis es klar ist. Einen Spiegel von dieser Brühe in eine vorbereitete Randform gießen, (Dieselbe steht in einer Schüssel mit kaltem Wasser und Eis.) steif werden lassen, die Fleischscheiben herauflegen, (eventuell zuerst noch Gemüse, wie Erbsen, Möhren, Spargel, Blumenkohl) und den Rest Gallert herübergießen. Alles steif werden lassen und stürzen.

Kalbsfrikassee:
1 Pfund Kalbfleisch (Schulterstück) kochendes Salzwasser, Gewürzdosis, Suppengemüse, ¼ Pfund Reis, 50 gr. Fett, 70 gr. Mehl, Citronen Saft, Salz, 1 Priese Zucker, 1 Teelöffel Kapern, Eigelb, etwas Milch, zur Verlängerung des Gerichts Semmel und Fleischklöße.
Kalbfleisch in Salzwasser mit Gewürzdosis und Suppengemüse gar kochen. Tunke aus obigen Zutaten herstellen, Fleisch-Stücke hineingeben und in Reisrand zu Tisch geben.

Fisch- und Schal[tier]gerichte

Gekochter Fisch: für 4 Personen
Zutaten:
1 ½ Pfund Fisch, kochendes Salzwasser, reichlich
Suppengemüse (Petersilie, Porree, Möhren, Sellerie (bei
Fisch ohne Möhren)) 2 Pfeffer, 2 Gewürzkörner, 1 Stück
Lorbeerblatt, 1 Zwiebel.
Zubereitung:
Fisch schuppen, ausnehmen, gründlich waschen, salzen,
im Gewürzwasser 10 – 15 Minuten ziehen lassen, mit
Petersilie und Zitronenscheibe garniert zu Tisch geben.

Salzheringe:
Heringe wässern, reinigen, (Bauchhaut aufschneiden,
ausnehmen, Kopf zum Teil abnehmen, Haut abziehen,
mit Petersilie garniert zu Tisch geben.

Heringe einlegen:
6 Heringe, ½ l Essigwasser, 5 Gewürzkörner, 4
Pfefferkörner, 1 Lorbeerblatt, 1 Zwiebel in Scheiben.
Heringe säubern, waschen, wässern, Kopf entfernen,
Bauch aufschneiden, innen säubern, abziehen.[…?] mit
etwas Milch zu Sahne verrühren. Essigwasser und
Zutaten aufkochen, abkühlen und über die Heringe
geben.

Fischauflauf:
2 Pfund Fisch, Salzwasser, 1 Gewürzdosis, 40 gr. Fett, 60 gr. Mehl, 1/8 l Milch oder Sahne, Salz, Pfeffer, 75 gr. geriebenen Käse, 150 gr. Makkaroni.(1/2 Stunde Garzeit) Der vorbereitete Fisch wird in Salzwasser mit einer Gewürzdosis abgekocht, von den Gräten gelöst und in kleine Stücke geschnitten. Es wird eine helle Mehlschwitze bereitet, die mit Milch und Fischwasser aufgefüllt wird. Die Makkaroni werden in Salzwasser (1/2 Stunde) gargekocht. In eine mit Fett ausgestrichene Auflaufform gibt man lagenweise Fisch, Makkaroni, Tunke. Zuletzt streut man geriebenen Käse, Stoßbrot und Butter darauf. Der Auflauf muß bei guter Hitze 20 – 30 Minuten backen.

Gespickter, gebratener Fisch:
1 Fisch (2 – 3 Pfund Hecht oder Schellfisch) 50 gr. Speck, Salz, 2 Eßlöffel Fett, Brühe oder Wasser, 1/8 l saure Sahne, Milch oder Buttermilch, 1 Eßlöffel Mehl. Fisch schuppen, Augen ausnehmen, Kiemen beschneiden, von beiden Seiten spicken, mit Salz einreiben, in Bratpfanne stellen, mit brauner Butter übergießen, 25 – 30 Minuten backen.

Fischklopse:
1 1/1 – 2 Pfund See- oder Flußfische (Hechte), 1 Eßlöffel Fett, 100 gr. Semmel, 1 Ei, Salz, Pfeffer, 1 geriebene Zwiebel, 60 gr. Fett zum Braten. Fisch vorbereiten (Gräte und Haut entfernen, Kopf abschneiden; durch die Mühle geben, eingeweichte Semmel in dem Fett dünsten und mit Zwiebel, Ei, Salz und Pfeffer zum Fisch geben und vermengen, Klopse formen, mit Paniermehl bestreuen und in dem Fett braten. 6 – 8 Minuten Bratzeit.

Mehl- und Eierspeisen warm

Nudeln:

½ Pfund Mehl, ½ - 1 Ei, etwa 2 - 3 Eßlöffel Wasser, ½ Teelöffel Salz. Der gut verknetete Teig wird sehr dünn ausgerollt, auf einem Holzbrett getrocknet, in dünne Streifen geschnitten, nochmals gut getrocknet und in Beuteln verwahrt.

Quarkklöße:

1 Pfund weißer Käse, 40 gr. Fett, 3 - 4 Eßlöffel Zucker, 1 - 2 Eier, 30 gr. Corinthen, 4 - 5 Eßlöffel weißes Mehl, nach Belieben 10 Mandeln, kochendes Salzwasser, braune Butter, Zucker und Zimmt, ½ Pfund gekochte Kartoffeln, 1 Teelöffel Salz. Das Fett wird gut verrührt, Eier und Zucker hinzugeben. Die durch die Maschine gegebenen Kartoffeln, weißer Käse, Mehl, Mandeln, Korinthen, gut verrührt, bis die Masse fest ist.
Die Klöße werden in kochendes Salzwasser gegeben, gargekocht und mit brauner Butter, Zucker und Zimmt oder Fruchtsauce zu Tisch gegeben.

Apfelklöße:

400 gr. Mehl, 1/8 - ¼ Milch, 1 Teelöffel Salz, 1 - 2 Eier, 1 - 1 ½ Pfund Äpfel, 1 Teelöffel Backpulver, braune Butter, Zucker und Zimmt.
Das gesiebte Mehl kommt in die Schüssel, man gibt die Flüssigkeit in die Mitte, die verquirlten Eier mit etwas Milch hineingeben, ebenso in Würfel geschnittene Äpfel hinzu. Den ziemlich fetten Teig tüchtig schlagen, formen, in kochendem Salzwasser 10 Minuten kochen. Mit brauner Butter, Zucker und Zimmt zu Tisch geben.

Apfeleierkuchen:
½ Pfund Mehl, ½ l Milch, 2 – 3 Eier, etwas Salz, 1 Teelöffel Backpulver, 60 – 80 gr. Backfett (Palmin), ½ Pfund Äpfel, in Scheiben geschnitten, geschnitzelt oder in Stücke geschnitten und eingezuckert. Das Mehl mit Milch und den anderen Zutaten verrühren und in heißem Fett auf 3erlei Arten backen.-(wie oben angegeben)

Eierkuchen:
½ Pfund weißes Mehl, ½ l Milch, 3 Eier, 1 Teelöffel Salz, nach Belieben etwas Zitronen Schale, ½ Paket Backpulver, 50 – 60 gr. Fett zum Backen, etwas feinen Zucker zum bestreuen.
Das gesiebte Mehl wird mit der Milch, dem Eigelb, Salz, Backpulver verrührt, zuletzt Eierschnee hindurchgezogen und in dampfendem Fett gebacken.

Makkaroni mit Tomatentunke:
¾ Pfund Makkaroni. Zuerst durchbrechen, waschen, mit kochendem Salzwasser aufsetzen, dem man nach Belieben eine Zwiebel und einige Gewürzkörner beifügen kann. 20 Minuten – ½ Stunde Kochzeit. Wenn sie weich sind, auf ein Sieb geben. Mit Tomatentunke übergießen.
Rezept für Tomatentunke siehe unter Saucen.

Rührei:
1 Ei, 1 – 2 Eßlöffel Milch, ½ Teelöffel Salz, 1 Prise Pfeffer, nach Belieben Schnittlauch, ½ Esslöffel Butter.
Ei mit Milch, Salz und Pfeffer verquirlen. Die Butter auslassen, den Brei hereingeben. Rührei muß recht locker und flockig sein.

Hefemehlspeise mit Früchten in Randform:

½ Pfund Mehl, 15 gr. Hefe, 1/8 l Milch, 2 Eßlöffel Zucker, 1 – 3 Eier, 1 Priese Salz, 50 / 100 gr. Fett. Hefestück herstellen, andere Zutaten hinzu, schlagen bis sich Blasen bilden, in ausgefettete Randform füllen (bis zur Hälfte) ½ Stunde gehen lassen, ½ Stunde ungefähr backen. Zum anfeuchten des Kranzes reichlich ¼ l Flüssigkeit, bestehend aus ¼ l Saft der Früchte, 2 Eßlöffel Weißwein, 1 Eßlöffel Likör, nach Belieben ½ Teelöffel Rum. Diese Flüssigkeit wird erhitzt und sofort über den gestürzten Kranz gegeben. Zum bestreichen des Kranzes Aprikosen–Marmelade, hergestellt aus 75 gr Aprikosen auf wenig Wasser. (Aprikosen vorher einweichen, weichkochen und durchschlagen, dicker Brei.) Zum bestreuen 2 Eßlöffel grüne oder weiße Mandeln oder Citronat. Zur Füllung des Kranzes: 2 Pfund Kompott-Früchte oder Backobst. (Äpfel, Birnen, Quitten, Pflaumen.) Einen Teil hineinfüllen.

Hefeklöße:

Zur Herstellung von Hefeklößen denselben Hefeteig nehmen. Den Teig in der Schüssel gehen lassen, dann 2 cm dick ausrollen, Formen abstechen, diese nochmals 5 – 10 Minuten gehen lassen, auf einem mit einem Tuch überspannten Topf mit kochendem Salzwasser gar werden lassen (5 – 8 Minuten) mit 2 Gabeln aufreißen, mit gebräunter Butter und etwas Paniermehl übergießen. Dazu Kompott oder Pflaumenmustunke.

Hefepudding mit Mustunke und Kompott: für 6 Personen.

In hoher Form (Puddingkocher.)
1 Pfund Mehl, 30/40 gr. Hefe, 3/8 l Milch, 1 Teelöffel Salz, 80/100 gr. Zucker, 50/100 gr. Corinthen oder Rosinen, 60 gr. Butter, 1 – 2 Eier, etwas Citronen Saft und Schale.
Nicht zu fetten Hefeteig herstellen, bis zur Hälfte in ausgefettete Form füllen, darin zuerst gehen lassen, dann ins kalte Wasserbad stellen, damit er erst allmählich zum Kochen kommt.
Vom kochen abgerechnet 2 Stunden gar werden lassen. Das Wasser im Topf darf bis zur Hälfte der Form reichen.

Griessklösschen für 8 Personen (zur Fleischsuppe.)

¼ l Milch, 50 gr. Butter, 100 gr. Gries, 3 Eier, wenig Muskat, 1 Priese Salz.
Milch mit Butter, Muskat und Salz aufkochen lassen, den Gries an der Seite des Herdes unter Rühren hineinrieseln lassen, denselben dann 5 Minuten gar werden lassen unter dauerndem Rühren. Die Hälfte der verquirlten Eier in die Masse geben, seitlich des Herdes, dann abkühlen lassen und die andere Hälfte zugeben, da dann der Teig lockerer wird. Mit Teelöffel (in heißes Wasser halten) Klöße abstechen und in kochendem Salzwasser gar machen. (Wenn sie oben schwimmen sind sie gut.)
Zur Obstsuppe verändert man die Klöße durch Hinzugabe von Zucker anstatt Muskat.

Schwemmklösse: für Fleischsuppen

¼ l Milch, 20 gr. Butter, ½ Teelöffel Salz, Muskat, ¼ Pfund feines Mehl, 3 Eier.
Milch, Mehl und ein Ei werden glatt gerührt, gewürzt, in die zerlassene Butter gegossen und auf dem Feuer zu einem festen Kloß abgebrannt, (so lange rühren, bis das Mehl gar geworden ist.) In die erkaltete Masse gibt man die anderen verklopften Eier, verrührt alles gut, sticht mit einem Teelöffel Klößchen ab und kocht sie 2 Minuten in der Suppe oder in kochendem Salzwasser

Semmelklösse:

150 gr. abgeriebene Semmel, 50 gr. Mehl, 1 Teelöffel Zucker, ½ Teelöffel Salz, 1 Eßlöffel Fett, 1 Ei.
Die Semmel abreiben, einweichen, gut ausdrücken, das flüssige Fett hinzu, das Ei und die übrigen Zutaten hinzu. Klöße in kochendem Salzwasser gar machen.

Mehl- und Eierspeisen kalt

Buttermilchspeise:

Zutaten: 1 l Buttermilch, 200 gr. Zucker, 1/3 Stange Vanille oder die Schale von ½ Zitrone, 20 gr. rote Gelatine zum dicken und färben.
Zubereitung: Buttermilch, Zucker und Vanille werden tüchtig gequirlt, dann gibt man die eingeweichte, aufgelöste Gelatine hinzu, füllt in Glasschalen zum Kaltwerden.
Gelatine: setzt man in kaltes Wasser, läßt sie weich werden, drückt sie aus, setzt sie auf den Herd zum zergehen.

Rhabarberflammerie:

1 Pfund Rhabarber, kochendes Wasser, ½ l Wasser, 100 – 150 gr. Zucker, Zitronenschale, 100 gr. Mondamin. (Maismehl-Produkt).
Zubereitung: Rhabarber waschen, in Stücke schneiden, mit kochendem Natron Wasser abbrühen, einige Minuten liegen lassen, mit ½ l heißem Wasser und Zitronenschale weichkochen. Durchschlagen, Mondamin mit etwa ¼ l Wasser anrühren, unter Rühren an den Rhabarber geben; unter ständigem Rühren 3 Minuten kochen. – Dazu reicht man Vanilletunke.

Apfelspeise:

Zutaten: 2 – 3 Pfund Äpfel, Wasser, Zitronenschale, 100 gr. Zucker.
Zubereitung: Äpfel waschen, in Stücke schneiden, etwas Zitronenschale reingeben, mit Wasser aufsetzen und schnell kochen, durchschlagen.

Vanillekrem:

Zutaten: ½ l Milch, 1 Prise Salz, 80 gr. Zucker, ¼ Stange Vanille, 20 gr. Mondamin oder Kartoffelmehl, Eier.
Zubereitung: Milch mit Vanille, Zucker und 1 Priese Salz kochen. Mondamin mit ein wenig Milch anrühren. Unter Rühren in die kochende Milch geben und gründlich kochen. Eigelb mit etwas Milch oder kaltem Wasser verquirlen. Von der kochenden Tunke gibt man etwas zu dem Eigelb, damit dasselbe gar wird; dann zu der Tunke geben. Schnee schlagen und durchziehen

Griessflammerie:

Zutaten: 1 l Milch, 100 gr. Zucker, 6 – 8 bittere Mandeln, 1 Stück Zitronenschale, ¼ Pfund groben oder 150 gr. feinen Grieß, 2 Eier.
Zubereitung: Milch mit Zucker, Mandeln und Zitronenschale kochen. Grieß mit etwas Milch anrühren, zugeben und unter Rühren einige Minuten kochen lassen. Eigelb zugeben und Schnee. Damit sich kein Häutchen bildet, muß man den Flammerie mit etwas Wasser überstreichen.

Rhabarberkrème:
1 Pfund Rhabarber, 1/8 l Wasser, 2 Eier, 150 – 200 gr. Zucker, 12 gr. weiße Gelantine.
Rhabarber waschen, in Stücke schneiden, unter Rühren in Wasser weich kochen. Eier und Zucker 15 Minuten schaumig rühren, löffelweise den heißen Rhabarber dazu tun und alles mit dem Schneebesen ½ Stunde schlagen. Dann gibt man die eingeweichte, aufgelöste Gelantine hinzu, verrührt alles tüchtig, füllt die Speise in Glasschale und stellt kalt.

Schokoladenflammeri:
1 l Milch, ½ Teelöffel Satz, 60 – 80 gr. Zucker, ½ Stange Vanille, 100 gr. Schokolade (oder 50 gr. Cacao) 25 gr. Cacao, 90 gr. Mondamin, 1 – 2 Eiweiß.
¾ l Milch, Salz, Zucker, Vanille, Schokolade, Cacao, gut kochen lassen, Mondamin, das mit ¼ l Milch gut verrührt ist, hinzugeben. 5 Minuten kochen lassen. Eiweiß zu Schnee schlagen und durchziehen. In Flammeriformen füllen und kalt stellen. Dazu reicht man Vanilletunke.

Weinreis:
½ Pfund guter Reis, 150 gr. Zucker, Wasser, ¼ l Weiß- oder Apfelwein, Saft und Schale einer Zitrone. Der gut gewaschene Reis wird 3x mit heißem Wasser abgewellt. Eine Zuckerlösung hergestellt. Der Wein und die Zitronenschale darin aufgekocht. Der Reis wird in dieser Flüssigkeit an der Seite des Herdes weichgekocht, in Glasschalen erkaltet und verziert zu Tisch gegeben.

Haferflockenfflammerie:

150 gr. Haferflocken, 100 gr. Zucker, 1 l Milch, etwas Zimmt, ½ Teelöffel Salz, 1 – 2 Eier, Zitronen Schale. Die Milch wird mit Zucker und Zimmt und Zitronen Schale zum Kochen gebracht, die gut abgeschwemmten Haferflocken in die kochende Flüssigkeit gegeben und gar gekocht. Die Masse wird mit Eigelb abgezogen und Eierschnee hinzugegeben. In Formen gefüllt und kalt zu Tisch gegeben.

Kirschflammerie:

1 Pfund Kirschen, knapp ¾ l Wasser, 1 Stück Vanille oder Citronen Schale, 70 – 80 gr. Mondamin (in wenig Wasser gelöst) 2 – 3 Eßlöffel Zucker. Die entsteinten Kirschen werden mit Zucker, Vanille weich gekocht, die Flüssigkeit gemessen und 1 l mit 70 – 80 gr. Mondamin gebunden.

Weingelee:

¾ l Mosel oder Apfelwein, ¼ l Wasser, ¼ Pfund Zucker, 25 gr. rote oder weiße Gelantine. Wasser und Zucker aufkochen, Wein hinzu – eingeweichte Gelantine. (Soll die Speise gestürzt werden, nimmt man 4 gr. Gelantine mehr. Einlage von Früchten.

Falsche Schlagsahne:

¼ l Milch, 1 Löffel Zucker, ½ Priese Salz, 1 Löffel weißes Mehl, Vanille. Ein Teil der Milch mit Mehl verrühren, die übrige Milch aufkochen mit Gewürz, die angerührte Milch hinzu und damit dicken, aufkochen, 1 Blatt eingeweichte Gelantine hinzu. Die Masse ½ Stunde im kalten schlagen.

Zitronencrem:

Während man ½ l Magermilch mit 2 Esslöffel Zucker zum Kochen bringt, löst man in einigen Esslöffel kalter Milch den Inhalt von 2 Päckchen Vanillesossenpulver auf, gibt ihn zur Milch, nimmt die Masse vom Feuer, stellt sie eine Weile an einen kühlen Ort und rührt von Zeit zu Zeit um.
Danach nimmt man 1 – 2 Eier, trennt das Eigelb und Eiweiß voneinander. Das Eigelb wird unter die Masse gerührt, man reibt ½ bis ¾ Zitronenschale hinein, ebenso den Saft einer Zitrone. Der steife Schnee untergezogen.

Kirsch – Pfirsich – Krem:

Eine Glasschüssel mit Makronen auslegen, darauf eine Lage entsteinte Sauerkirschen, und geschälte Pfirsichstückchen, darüber Zucker streuen. Eine 2. Lage folgen. Eine kleine Dose gekühlte Milch in einen großen Milchtopf fließen lassen, 3 Blatt weiße Gelantine in kaltem Wasser weichen, während dessen die Milch schaumig schlagen. Dann löst man die Gelantine in wenig heißem Wasser auf und schlägt sie mit ein oder zwei Eidottern unter den Milchschaum, den man nach Belieben süßt und mit gehackten Innern einiger zerklopfter Kerne würzt. Den Krem über die Früchte geben, sofort kalt stellen und später mit eingezuckerten Früchten belegen.

Zitronencrem:
Während man ½ l Magermilch mit 2 Esslöffel Zucker zum Kochen bringt, löst man in einigen Esslöffel kalter Milch den Inhalt von 2 Päckchen Vanillesossenpulver auf, gibt ihn zur Milch, nimmt die Masse vom Feuer, stellt sie eine Weile an einen kühlen Ort und rührt von Zeit zu Zeit um.
Danach nimmt man 1 – 2 Eier, trennt das Eigelb und Eiweiß voneinander. Das Eigelb wird unter die Masse gerührt, man reibt ½ bis ¾ Zitronenschale hinein, ebenso den Saft einer Zitrone. Der steife Schnee untergezogen.

Créme:
4 Eier zu Schnee schlagen.
Eigelb mit Saft von 3 Zitronen und 2 Apfelsinen und abgeriebenen Zitronen, 200 gr. Zucker vermischen, dazu 2 Blatt Gelantine. Wenn die Masse dicklich geworden ist, Schnee unterziehen eventuell zu Tisch noch Schlagsahne dazu.

Crêpes Suzettes, (von Annelie Sölken, M. Gl.)
Eierkuchenteig mit Sprudel anstelle Milch (4 Eier, 1 – 2 Esslöffel Mehl, 1 Prise Salz)
Die hauchdünnen Eierkuchen werden mit Cocnac bespritzt und zusammengerollt. 1 – 2 bittere Schokoladenblocks mit Butter und Büchsenmilch schmelzen und dick auf die Eierkuchen streichen.

Backwaren

Haferflockenmakronen:

Zutaten:

¼ Pfund Fett, ½ Pfund Zucker, ½ Pfund Haferflocken, nach Belieben mit etwas Kokosmehl mischen, ½ Pfund Mehl, 9 Eßlöffel Milch, Zitronenschale oder bittere Mandeln oder Vanille als Gewürz, 1 Backpulver, (auf 1 Pfund Mehl immer Backpulver).

Zubereitung:

Butter zu Sahne rühren, Zucker hinzugeben, dann Haferflocken mit etwas Kokosmehl vermischt, und etwas Milch. Backpulver mit einem Teil des Mehls vermischen und im Anschluß hinzugeben. Zitronenschale muß gerieben werden, bittere Mandeln müssen gebrüht werden und gerieben und mit der Masse vermischen.

Mürbe – Törtchen:

Zutaten: ½ Pfund Mehl, 80 / 100 gr. Zucker, ¼ Pfund Fett, ½ Ei.

Zubereitung: Mehl aufs Brett sieben, Fett in kleinen Stückchen darauf, Zucker darüber geben. 1 Ei verquirlen und die Hälfte zum Teig geben, kneten, und mit der Rolle ausrollen. Damit der Teig nicht klebt, immer Mehl streuen, ausformen und die Rolle machen, mit Eigelb überstreichen und verzieren.

Kleines Hefegebäck:

Zutaten: 1 Pfund Mehl, ¼ l Milch, 40 gr. Hefe, 1 Teelöffel Salz, 100 gr. Zucker, 2 Eier, Zitrone oder Mandelgeschmack, 60 / 80 gr. Fett.
Zubereitung: Auf die Hefe gebe ich 3 Eßlöffel lauwarme Milch zum Auflösen. Unterdessen wird das Mehl gesiebt. In der Mitte mache ich eine kleine Vertiefung und geben die angerührte Hefe da hinein, so lange gehen lassen, bis sich das Hefestück verdoppelt, andere Zutaten hinzu, mit flachem Löffel so lange schlagen, bis sich große Luftblasen bilden, zum 2. Male gehen lassen, auf bemehltes Brett stürzen, kneten, den Teig ausrollen, beliebig formen, auf vorbereitetes Kuchenblech legen, gehen lassen und bei starker Hitze schnell backen.
Marmelade zur Füllung, Zuckerguß zum Bestreichen.

Bienenstichkuchen:

1 Pfund Mehl, 30 gr. Hefe, ¼ l Milch, 1 – 2 Eier, Salz, 80 gr. Fett, 80 gr. Zucker.
Aus diesen Zutaten wird 1 Hefeteig hergestellt, den man auf gut vorbereitetem Blech aufgehen lässt. Dann bestreicht man ihn mit einem Guß, der aus 180 gr. Fett, 200 gr. Zucker, 100 gr. süßen, 6 bitteren Mandeln, 1 – 2 Eßlöffel Rum oder Rosenwasser herstellt.
Zubereitung des Gusses:
Butter zerlassen, Zucker hineingeben und aufkochen, dann die geriebenen Mandeln und die Flüssigkeit hinzugeben, etwas abkühlen lassen und auf den Hefeteig streichen. – 30 Minuten Backzeit.

Kastenkuchen:

30 – 40 gr. Hefe, ¼ l Milch, 1 Pfund Mehl, 50 – 80 gr. Fett, 80 gr. Zucker, 1 Teelöffel Salz, nach Belieben 1 – 2 Eier, ¼ Pfund Korinthen.
Hefe mit 3 Eßlöffel Milch, Prise Zucker anrühren, Hefestück herstellen, gehen lassen, andere Zutaten hinzu, den Teig tüchtig schlagen bis sich Blasen bilden, Korinthen hinzu, in die Kastenform geben lassen. Bei guter Hitze schnell backen lassen.

Mürbemakronen:

½ Pfund Mehl, ¼ Pfund Butter, 60 gr. Zucker, 3 Eigelb.
Hiervon Mürbeteig herstellen, runde Plätzchen ausstechen und diese mit Makronenmasse belegen, die aus 180 gr. Mandeln oder Kokosmehl, 180 gr. Zucker, etwas Zitronenschale und 3 Eiweiß besteht.

Spritz – Gebäck:

½ Pfund Butter, 200 gr. Zucker, 2 – 3 Eier, 1 Pfund Mehl, 1 /4 Pfund Kartoffelmehl, Citrone oder Vanille-Geschmack, ½ Teelöffel Backpulver.
Der Teig kann wie Mürbeteig gearbeitet werden oder man rührt die Butter zu Sahne, gibt Eier und Zucker hinzu, rührt 10 Minuten, fügt alles andere hinzu und füllt den Teig in eine Kuchenspritze und spritzt den Teig auf ein vorbereitetes Backblech.

Napfkuchen:

150 gr. Fett, 3 Eier, 200 gr. Zucker, 1 Pfund Mehl, 1 Backpulver, Schale einer Zitrone, ungefähr ¼ l Milch, 100 gr. Rosinen oder Korinthen. Bei mäßiger Hitze 1 Stunde backen.

Streusselkuchen: siehe Hefeteig im Bienenstich.

Streussel: 200 gr. Mehl, 100 gr. Butter, ¼ Pfund Zucker, ½ Teelöffel Zimmt, 35 gr. süße Mandeln.
Mehl, Zucker, Zimmt, geriebene Mandeln vermischen, die flüssige Butter dazu geben, alles zusammen mit den Händen verreiben, auf den gut gewärmten Teig streuen, und bei guter Hitze etwa 40 Minuten backen.

Baumkuchen oder Schichttorte:

1 Pfund Mehl, 1 Pfund Butter, 1 Pfund Zucker, 18 – 20 Eier, 1 Tasse Milch oder Sahne, Schale einer Zitrone, 2 Eßlöffel Rum.
Butter zu Sahne rühren, Eigelb und Zucker hinzugeben, ½ Stunde schaumig rühren. Nach und nach Mehl und Milch zugeben, zuletzt Eierschnee, Zitronen Schale und Rum. In dünnen Platten verbacken. Zuckerguß aufbringen.

Lagentorte:

¾ Pfund Butter, ¾ Pfund Zucker, 7 Eier, 190 gr.
Kartoffelmehl, 190 gr. Weizenmehl, ½ Packung
Backpulver, etwas Zitronenschale.
Wird gerührt wie Schichtkuchen und die Masse in 3
Platten abgebacken. (Springform) Mit Buttercreme oder
Marmelade füllen, mit einem Guß versehen und
garnieren.

Buttercreme:

100 gr. Butter, 100 gr. Staubzucker, 2 Eigelb.
Kalt zusammenrühren und zwischen die erkalteten
Schichten streichen.

Schneckenkuchen:

Hefeteig von 1 Pfund Mehl, 40 gr. Hefe, 60 gr. Fett, 3/8 l
Milch, 1 – 2 Eier, Salz.
Nachdem der Teig gut gegangen ist, rollt man ihn
messerrückendick aus und bepinselt ihn mit 100 gr.
flüssiger Butter, bestreut ihn mit ¼ Pfund Korinthen, 100
gr. Zucker, 2 Teelöffel Zimmt und ¼ Pfund
feingeschnittenen Mandeln. Dann schneidet man 5 cm
breite und 12 cm lange Stücke, rollt sie zusammen und
setzt sie wie kleine Schnecken in 1 cm Entfernung von
einander in eine gefettete Springform. 1 Stunde Backzeit,
danach nach Belieben mit Zucker bestreuen.

Vanillekringel:

Mürbeteig von 1 Pfund Mehl, ½ Pfund Fett, 150 gr. Zucker, 2 Eier.
Von der gut gekneteten Masse Kringel formen, hellgelb backen und mit einem Guß bestreichen, der aus: 100 gr. fein gesiebtem Puderzucker, 3 Eßlöffel Wasser, 1 Vanillin besteht. (kalt anrühren)

Mohnstritzel:

Hefeteig siehe Bienenstich oder Hefekranz.
¼ Pfund Mohn, 2 – 3 Eßlöffel Zucker, 1 Ei, 6 bittere Mandeln, 2 Eßlöffel Rosenwasser, wenn nötig, etwas Mehl, der Mohn wird 3 x mit erneuertem Wasser in 10 Minuten gekocht. 2 x durch die Fleischmaschine gedreht und mit den anderen Zutaten vermischt, auf den ausgerollten Teig gestrichen, zusammen gerollt noch kurze Zeit gehen lassen und backen, mit Zuckerguß bestreichen.

Löffelbiskuits:

3 Eier, 150 gr. weißes Mehl, 150 gr. Zucker, 1 – 2 Teelöffel Backpulver. Das Eigelb und Zucker werden 20 Minuten gerührt. Mehl, Eierschnee und Backpulver hinzugegeben. In Formen, die vorher mit Fett ausgeschmiert sind, hellbraun backen lassen.

Schichttorte: (einfaches Rezept)

½ Pfund Fett, ½ Pfund Zucker, 3 Eier, 400 gr. Weizenmehl, 150 gr. Kartoffelmehl, Schale 1 Citrone, ¼ l Milch, 1 Backpulver. (Zubereitung wie Lagentorte) 4 Schichten backen, mit Marmelade füllen, und mit Zuckerguß versehen.

Teestollen:

150 – 200 gr. Fett, 2 – 4 Eier, 100 – 200 gr. Zucker, 8 – 10 bittere Mandeln, 1/8 – ¼ l Milch, Sahne, 1 Citrone, 1 Pfund Mehl, 1 Backpulver, 80 – 125 gr. Korinthen. Zubereitung wie Napfkuchen, ½ Stunde rühren, in Kastenform backen.

Käsekuchen:

Mürbeteigboden herstellen aus ¾ Pfund Mehl siehe Tortelets oder Mürbemakronen oder Hefeteigboden (siehe Bienenstich)
Den Teig ziemlich dünn auf dem Blech aufstreichen, dann gibt man eine Käsemasse herauf, die aus: 2 Pfund weißem Käse, 100 gr. Zucker, 100 gr. Butter, 2 Eiern, ¼ Pfund Korinthen, 5 bitteren Mandeln besteht.

Mürbeteig II:

100 – 150 gr. Butter, 2 Eier, 200 gr. Zucker, 4 – 6 Eßlöffel
Milch, Schale 1 Citrone, 1 Backpulver, 1 Pfund Mehl.
Die Butter wird zu Sahne gerührt, Eier und Zucker
hinzugegeben. Nachdem diese Masse gut verrührt ist,
gibt man das Mehl und die Milch hinzu. Der Teig wird
zuletzt geknetet, ausgerollt und geformt. (Vom Ei etwas
zurücklassen zum Bestreichen, und die Kuchen mit 2
Eßlöffel Zucker, der mit etwas Zimmt vermischt ist,
bestreuen.)

Sandkuchen:

½ Pfund Butter, 4 Eier, ½ Pfund Zucker, 150 gr.
Kartoffel- 100 gr. Weizenmehl, Vanille oder Schale 1
Citrone. Die Butter zu Sahne rühren, Eigelb und Zucker
hinzu, ½ Stunde rühren, dann Mehl langsam hinzugeben,
Eiweiß-Schnee durchziehen. 1 Stunde Backzeit.

Bismarckschnitten:

½ Pfund Mehl, ¼ Pfund Butter, ¼ Pfund Zucker, 2
Eigelb. Wie Mürbeteig zusammen kneten, ausrollen,
etwa 8 – 10 cm breite Streifen schneiden, den Rand
derselben mit Teigröllchen belegen verzieren, backen.
Die etwas abgekühlten Kuchen bestreicht man dann mit
etwas Marmelade und mit einer Mandelmasse die aus ½
Pfund mit der Schale geriebenen Mandeln, ¾ Pfund
Zucker, etwas Zitronenschale und 5 Eiweiß zu Schnee
geschlagen, bestreicht, nachmals leicht backen, noch heiß
in schräge Streifen schneiden.

Albert – Eckes:
70 gr. Butter, 2 Eier, ¼ Pfund Zucker, etwas Vanille, 300 gr. Weizen- ¼ Pfund Kartoffelmehl, 1 Backpulver.
Butter schaumig rühren, Eier und Zucker hinzugeben und verrühren, Vanille und das gesiebte Mehl nach und nach hinzu, zuletzt Backpulver mit dem letzten Teil des Mehls vermischt. Teig ausrollen und verzieren, mit dem Reibeisen, welches man mit etwas Mehl und auf die Plätzchen drückt.

Kleine Sandkuchen:
3/8 Pfund Butter, 1 Ei, 3/8 Pfund – 190 gr. Zucker, ½ Pfund Weizen – ½ Pfund Kartoffelmehl, 1 Teelöffel Backpulver.
Aus der gut gerührten Masse, Kugeln formen, diese mit Ei bestreichen, mit Mandeln und Zucker bestreuen, bei Mittelhitze braun backen.

Obstkuchen: (Kirschen, Äpfel, oder Pflaumen)
2 Eier, ¼ Pfund Zucker, ½ - ¾ Pfund Mehl, etwas Milch, Citronen Schale, 1 Backpulver, 2 Pfund Äpfel oder 1 ½ Pfund Kirschen, 3 – 4 Eßlöffel Zucker, ½ Teelöffel Zimmt.
Bei Herstellung eines Hefeteiges wird Hefe mit lauwarmer Milch verrührt und in die Mitte des gesiebten Mehls gegeben, gehen lassen, Butter, Milch und Zucker reingeben, schlagen, auf ein Blech geben, gehen lassen, die entsteinten Kirschen darüber geben. 1 Stunde Backzeit. Den Kirschensaft nachher steif kochen und über den fertigen Kuchen geben.
Die vorbereiteten Früchte nur ganz kurze Zeit einzuckern, da sonst zu viel Saft abgegeben wird.

Obstkuchen II.
3 Eier, 200 gr. Zucker, 200 gr. Mehl, Citronen Schale, 1 Backpulver.
Siehe oben: Es kann ein Mürbe- oder Hefeteig hergestellt werden.

Frankfurter Kranz:
½ Pfund Butter, ½ Pfund Zucker, 4 Eier, ¼ Pfund Weizen-, ¼ Pfund Kartoffelmehl, Citronen Schale, 1 Eßlöffel Arak oder Rum.
Der Teig wird wie Sandkuchen zu Sand gerührt, in einer vorbereiteten Randform gebacken, nach dem Erkalten 2 x durchgeschnitten, mit Creme gefüllt, ebenfalls mit Creme außen und innen bestrichen und mit in etwas Fett und etwas Zucker gerösteten Mandeln bestreut.
Creme: 200 gr. Butter, 200 gr. Staubzucker, 2 Eigelb.
Mandelmasse: 40 gr. Butter, 3 Eßlöffel Zucker, ½ Pfund – 150 gr. Mandeln und zwar kann man die Mandeln, die abgezogen sind, in Scheiben schneiden oder grob hacken. Fett bräunen, gibt den Zucker hinein, lässt ihn bräunen und dann die Mandeln und streut die Masse auf den Kranz herauf.

Wiesbadener Brot:
¼ Pfund Butter, ½ Pfund Zucker, 2 Eier, 1 Pfund Mehl, 1 Backpulver, ungefähr 1 Teelöffel Zimmt.
Teig zusammenrühren, kneten, ausrollen, mit dem Rädchen verschobene Rechtecke abteilen und backen.

Zwieback:
1 Pfund Mehl, 30 gr. Hefe, ¼ l Milch, 1 Teelöffel Salz, etwa 80 gr. Zucker, 80 gr. Butter. Teig zusammenrühren in Einbackform backen, nach dem Erkalten in Scheiben schneiden.

Kokosmakronen:
2 Eiweiß, 180 gr. Zucker, ½ Pfund Kokosmehl, 2 – 3 Eßlöffel Milch, nach Belieben auch 1 Eßlöffel Mehl, etwas Citronen Schale, Backpulver. Eiweiß zu Schnee schlagen, mit Zucker schaumig rühren, dann die anderen Zutaten hinein.

Hefenapfkuchen:
50 gr. Hefe, 1 Pfund Mehl, ¼ - ½ Pfund Butter, 2 – 4 Eier, ¼ Pfund Zucker, Schale einer Citrone, ¼ l Milch, 1 Prise Salz, ¼ Pfund Rosinen. Ein Hefestück herstellen und gehen lassen. Butter schaumig rühren, Eier und andere Zutaten hinzu, tüchtig schlagen. Den gesamten Teig 1 Stunde gehen lassen. Bei guter Hitze 1 Stunde Backzeit.

Hefestollen:
1 Pfund Mehl, 50 gr. Hefe, knapp ¼ l Milch, 1 Ei, 200 gr. Fett, ¼ Pfund Mandeln, ¼ Pfund Rosinen, 200 gr. Zucker, 1 Prise Salz, nach Belieben etwas Citronat.
Hefestück herstellen; mit Mehl, Milch, einem Teil des Zuckers, Salz, etwas Citronen Schale tüchtig verklopfen. Den Teig gehen lassen. Die in Stücke geteilte Butter dazu kneten, den Teig 1 cm dick ausrollen, den Zucker mit etwas Wasser vermischen, die vorbereiteten Mandeln, Rosinen und Citronat hineingeben; diese Masse auf den Teig streichen, zusammenrollen, kurze Zeit gehen lassen, bei guter Hitze backen.

Haferflockentorte:

100 gr. Fett, ½ Pfund Zucker, 3 Eier, ¾ Pfund gemahlene
Haferflocken, 2 – 3 Löffel Mehl, 1 – 2 Löffel Rum, 1
Vanillezucker, einige Tropfen bitteres Mandeloel, 1
Backpulver, ¾ Pfund Marmelade (fest und säuerlich).
Fett, Zucker und Eier gut miteinander verrühren,
allmählich die anderen Zutaten dazu. 2/3 des Teiges in
gut eingefettete Springform geben, etwa 20 Minuten
backen, dann Marmelade darauf streichen. Den Rest des
Teiges mit dem Mehl verrühren, dieses gitterartig
herüber und nochmals 30 Minuten backen. (mehr Fett
verbessert die Torte)

Blätterteig:

½ Pfund Mehl, ½ Pfund Butter, ½ Ei mit knapp 1/8 l
Wasser verquirlt, 1 Prise Salz.
Das gesiebte Mehl mit der mit 1 Ei verquirlten
Flüssigkeit in der Mitte ans offene Fenster stellen und
mit dem vierten Teil der Butter zu einem geschmeidigen
Nudelteig verarbeiten, rechteckig ausrollen, die vorher
ausgeklopfte Butter, (in rechteckiger Form 1 cm dick)
hineingeben, den Teig zum Paket zusammenschlagen,
ausrollen, zusammenschlagen, 10 Minuten kalt stellen,
klopfen, rollen, zusammenschlagen; dies Verfahren 3 x
wiederholen mit 10 Minuten Zwischenpause, dann ½ cm
dick ausrollen, beliebige Formen abstechen, mit Ei
bestreichen, bei guter Hitze backen.

Makronentorte:

Mürbeteigboden siehe Torteletts:
½ Pfund Mehl, ¼ Pfund Butter, 1/8 Pfund Zucker, ½ Ei.
Darauf eine Makronen-Masse, die aus 1 Pfund Mandeln, gebrüht und gerieben, 1 Pfund Zucker und 8 Eiweiß besteht, nach Belieben etwas Citronen Schale. Die gerieben Mandeln mit Zucker vermischen, den Eischnee hinzugeben.
In eine Springform zuerst den Mürbeteigboden geben, darüber eine Lage Makronenteig und den Rest des Teiges gitterartig darüber spritzen. ¾ - 1 Stunde backen und in die Vertiefungen Gelee geben.

Apfeltorte: siehe Mürbeteig II – Boden:

darauf: 2 Pfund Äpfel, ¼ Pfund Zucker, 1 Eßlöffel Rum, etwas Citronen Schale.
Äpfel schneiden, marinieren, (mit Zucker, Rum und Citronen Schale versehen) auf den Mürbeteig legen. Den Rest des Teiges in Streifen darauf spritzen und bei guter Hitze 1 Stunde backen.

Kleines Weissbrot:

1 Pfund Mehl, 30 gr. Hefe, ¼ l Milch, 1 Teelöffel Salz.
Hefestück herstellen, nach dem Gehen Zutaten hinzu, beliebig formen.

Einfache Honigkuchen:

2 Pfund Mehl, ¾ Pfund Honig, ¾ Pfund Zucker, ¼ Pfund Fett, 1 – 2 Eier, 8 – 10 Nelken, 10 gr. Zimmt, ½ Teelöffel Muskatblüte, ½ Citronen Schale, 10 gr. Pottasche, 10 gr. Hirschhornsalz (in heißem Wasser auflösen).
Mehl mit den Gewürzen versehen. Honig, Zucker, Fett aufkochen, unter Rühren allmählich warm zu dem Mehl geben. Nachdem der Teig etwas abgekühlt, das verklopfte Ei hineintun und die aufgelösten Treibmittel, nach Belieben einige Zeit stehen lassen, ausrollen wie Mürbeteig, Formen abstechen, mit Wasser bestreichen, nach Belieben mit Mandeln verzieren und bei guter Hitze braun backen.
(In Blechdose warm aufbewahren) Der Teig kann durch Zugabe von Eiern verbessert werden.

Aachener Printen:

¾ Pfund Honig, ¾ Pfund Zucker, 1 ¾ Pfund Mehl, 30 gr. geriebene Haselnüsse, 10 gr. Zimmt, 4 gr. Muskatblüte, 5 gr. Nelken,(gestoßen) 5 gr. Kardamon, 12 gr. Pottasche in 1 Löffel heißem Wasser gelöst, oder 1 ½ Pak Backpulver, harten Kristallzucker oder Schokoladenguß zum Bestreuen.
Zubereitung: siehe einf. Honigkuchen.
Der Teig bleibt 1 – 2 Tage stehen, dann ausrollen und formen.

Dicker Honigkuchen:
¾ Pfund Honig, 1 Pfund Zucker, ungefähr 2 ½ Pfund Mehl, 2 Eigelb, 2 Eßlöffel geschmolzene Butter, 1 Teelöffel Nelken, 2 Teelöffel Zimmt, Schale von einer Citrone, ¼ Pfund süße Mandeln, 10 gr. bittere Mandeln, 50 gr. Citronat, 13 gr. Pottasche, 1 Teelöffel Hirschhornsalz.
Der Zucker wird mit ½ Tasse Rosenwasser oder Wasser aufgekocht, der Honig dazugegeben und aufgelöst. Dann gibt man diese Masse zu dem gewürzten Mehl, fügt das Fett, die in wenig heißem Wasser gelösten Treibmittel (Pottasche und Hirschhornsalz) und die Eigelb hinzu. Der Teig wird geknetet, knapp 1 cm dick ausgerollt und auf ein vorbereitetes Blech gegeben. (Formen nur leicht einkerben) Einen Teil der Mandeln zum verzieren zurücklassen. Bei guter Hitze backen.

Steinpflaster:
Vorherigen Teig kann man zu Steinpflaster verwenden, indem man ihn zu Kugeln dreht, diese in ausgefettete Blechringe legt und backt. Dann mit Zuckerguß bepinseln.
Zuckerguß: 3 Eßlöffel Zucker, 1 ½ - 2 Löffel Wasser, bis zum 3° kochen.

Hoppen:
1 1/8 Pfund Mehl, 1/8 Pfund Butter, 2 Eier, 170 gr. Honig, 1 Pfund Kristallzucker, 8 gr. Zimmt, 4 gr. Nelken, 4 gr. Gewürz (unser schwarzes Gewürzkorn) 1 schlichter Teelöffel Pottasche in etwas heißem Wasser gelöst. Honig und Butter kurz aufkochen, zu dem gewürzten Mehl geben, Eier und Treibmittel hinein. Kugeln formen, bei guter Hitze backen. (Rissiges Aussehen)

Elisen – Lebkuchen:

5 Eier, 1 Pfund Zucker, 1 Pfund mit der Schale geriebenen Mandeln, 100 gr. Citronat, 100 gr. Orangeat, ½ Teelöffel Nelken, Schale einer Citrone.
Eier und Zucker schaumig rühren. Die geriebenen Mandeln, das in feine Würfel geschnittene Citronat und Orangeat hinzugeben, würzen, mit 2 Teelöffeln kleine Häufchen nach Belieben auf Oblaten oder sofort auf das vorbereitete Blech legen. Bei Mittelhitze backen. Mit Puder-Zucker-Guß bestreichen.
Puderzuckerguß: ¼ Pfund Puderzucker, 2 – 3 Eßlöffel Wasser, etwas Citronen Saft, kalt 10 Minuten rühren.
Zum Schluß mit bunten Zuckerkügelchen bestreuen.

Spekulatius:

1 Pfund Mehl, 2 Eier, ½ Pfund Butter, 1 Pfund Zucker, 2 gr. Zimmt, 1 Teelöffel Backpulver oder Hirschhornsalz in etwas Wasser gelöst.
Teig wie Mürbeteig zusammenkneten und formen.

Anisplätzchen:

4 Eier, ½ Pfund Zucker, ½ Pfund Mehl, 1 Eßlöffel Anis (die kleinen Härchen entfernen)
Eier und Zucker 1 Stunde rühren. Mehl und Anis hinzugeben. Runde Plätzchen auf vorbereitetes Blech legen (ziemlich weitläufig) über Nacht stehen lassen, dann backen.

Pralinen: Füllung:
¼ Pfund Puderzucker, entweder einige Tropfen Himbeersaft, oder Aprikosen- oder Citronen Saft werden vorsichtig zuerst mit dem Holzlöffel, dann mit den Händen geknetet, der Teig darf nicht zu lose sein. Dann formt man kleine Kügelchen in der Größe einer Haselnuß, lässt sie auf Emailleplatten trocknen. Dann löst man ½ Pfund unentölten süßen oder bitteren Kakao (Couvertüre) im Wasserbad und wendet die Kügelchen darin um, legt sie auf weißes Papier und lässt sie trocknen; oder:
Man schüttet so viel gehackte Nüsse oder Mandeln in den unentölten Kakao, dass man eine so fette Masse erhält, um Häufchen davon abstechen zu können, die auf weißes Papier zum trocknen gelegt werden; oder man formt:
Marzipankugeln und wendet sie um in dieser Couvertüre.
Kaffee – Füllung:
Ein Walnußgroßes Stück gute Butter, ¼ Pfund Schokolade, ¼ Pfund Mandeln, ¼ Pfund Puderzucker, 2 – 3 Eßlöffel starker Kaffee-Extrakt.
Kaffee – Extrakt:
Man brüht 15 gr. Kaffee mit knapp 1/4 l Wasser.

Marzipan: (Königsberger)
1 Pfund süße Mandeln, 15 gr. bittere Mandeln, 1 Pfund Puderzucker, 5 – 6 Eßlöffel Rosenwasser.
Zur Glasur: 1 – 1 ½ Pfund Puderzucker, (Citronen Saft, so viel wie der Zucker zum verrühren verbraucht) ein Eiweiß.

Mandeln brühen, abziehen, sofort in kaltes Wasser werfen, waschen, auf einem sauberen Tuch trocknen, dann mehrere Stunden auf einem sauberen Tuch nachtrocknen lassen in der Nähe des Ofens, dann reiben; mit Puderzucker und Rosenwasser mischen. (Vorsicht, der Teig darf nicht zu weich werden) Die Masse 30 Minuten tüchtig kneten, dann einige Stunden stehen lassen, ausrollen, verschiedene Formen ausstechen, den Rand mit Rosenwasser bestreichen; Teigstreifen als Rand herumsetzen, diese verzieren, ein Stück weißes Papier auf den Boden legen, hierauf mit Oberhitze backen. Nach dem Abkühlen mit Zuckerguß füllen und mit eingezuckerten Früchten garnieren.

Guss für Torten:
200 gr. Zucker, 6 Eßlöffel Wasser.
Beides kocht man unter ständigem Rühren bis die Masse dicklich wird. (fast bis zum 3.°). Dann die Masse in ein anderes Gefäß schütten, unter Rühren erkalten lassen, etwas heißes Wasser oder Citronen Saft hinzugeben, falls der Guß zu steif wird; dann über die Torte gießen und verstreichen.

Spritz-Glasur:
3 Eßlöffel Puderzucker, knapp ½ geschlagenes Eiweiß, wenn nötig einige Tropfen Citronen Saft.(1 – 2 Teelöffel Kakao zum braunfärben)
Kalt zusammenrühren, lange rühren, desto schöner wird er.

Schokoladenguss:
150 gr. Schokolade, 10 gr. Kakao, 130 gr. Zucker, 1/16 l Wasser, 1 Stich Butter.
Zutaten im Wasserbad rühren, bis sie glänzend und dick geworden sind.

Pfefferkuchentorte:
1 Pfund Honig, ¼ Pfund Butter, 100 gr. Zucker, 600 gr. Mehl, 1 Eßlöffel Zimt, 1 Teelöffel Nelken, 1 Messerspitze Gewürz, 1 Teelöffel Pottasche, 1 Teelöffel Hirschhornsalz, 1 kleine Tasse Wasser, 1 Ei, Marmelade, Schokoladenguß.
Honig, Butter und Zucker aufkochen, über das gewürzte Mehl geben. Den Teig in vorbereiteter Kastenform 1 Stunde backen. Nach dem Erkalten 2 mal der Länge nach durchschneiden, mit Marmelade bestreichen, wieder zusammensetzen und mit Schokoladenguß versehen.

Berliner Pfannkuchen:
50 gr. Hefe, 1 ¼ Pfund Mehl, ¼ l Milch, ¼ Pfund Butter, 80 gr. Zucker, 4 – 5 Eigelb, 1 Teelöffel Salz, 1 – 1 ½ Pfund Palmin oder Schmalz zum Backen.
Hefeteig herstellen, ausrollen, runde Formen ausstechen, in die Mitte Marmelade geben, mit Eiweiß verkleben und in Fett backen.

Nussstangen:
150 gr. Mehl, 100 gr. Butter, ¼ Pfund Zucker, 2 Eigelb, ¼ Pfund Haselnußkerne.
Mürbeteig herstellen, mit den geriebenen Nüssen vermischen, den Teig ausrollen, schmale Streifen schneiden, bei mäßiger Hitze backen.

Haselnussmakronen:

2 Eiweiß, ¼ Pfund Puder- oder feinen Zucker, ¼ Pfund
Haselnußkerne.
Eiweiß zu Schnee, mit dem Zucker 10 Minuten rühren,
die geriebenen Kerne hinzugeben, Kugeln formen, in die
Mitte derselben einen Haselnußkern legen, bei Mittel-
Hitze backen.

Zimtsterne:

3 Eiweiß zu Schnee, ½ Pfund Zucker, ½ Pfund
Kokosmehl oder Mandeln, 5 – 10 gr. Zimt.
Eierschnee und Zucker 10 Minuten rühren, davon etwa 4
Eßlöffel für die Glasur fortnehmen, das andere mit Zimt
und Mandeln oder Kokosmehl mischen, etwa ½ cm dick
ausrollen mit Hilfe von Zucker, Formen ausstechen, mit
Glasur bestreichen, bei mäßiger Hitze backen.

Feiner Mürbeteigboden:

170 gr. Mehl, 170 gr. Butter, 85 gr. Zucker, 2 Eigelb, 1
Prise Salz, Zitr. Schale.
Mehl auf Brett sieben, zum Kranz auseinanderdrücken,
rings um diesen Kranz nach innen die Butter pflücken,
in die leere Mitte Zucker und Eigelb. Zunächst Zucker
und Eigelb vermischen, mit Citrone nach und nach
Butter und Mehl hineinarbeiten.

Mutzemändelchen zum Punsch:
¼ Pfund Butter, ½ Pfund Zucker, 4 Eier, 1 kleines Tässchen Milch, 1 Päckchen Backpulver, 1 Päckchen Vanillezucker und so viel Mehl hinzugeben bis sich der Teig rollt. Der Teig wird ¾ - 1 cm dick ausgerollt, mit Ausstechform ausgestochen. In einem Topf 2 Pfund Kokosfett zum Sieden bringen, die ausgestochenen Mändelchen 2 Minuten darin backen, hellgelb, mit Schaumlöffel herausnehmen, gut abtropfen lassen auf Drahtgeflecht legen zum Erkalten. (in Puderzucker wälzen)

Nußplätzchen:
1 Pfund Zucker, ¾ Pfund geriebene Hasel- und Walnüsse, 125 gr. geriebene Schokolade, 25 gr. Zimt, 4 Eßlöffel Rum.
Diese Zutaten mischen, mit dem steifen Schnee von 4 – 5 Eiweiß vermischen. Von der Masse mit Teelöffel kleine Häufchen auf ein gefettetes Blech setzen und langsam backen.

Lebkuchen:
500 gr. Roggenmehl, 250 gr. Kunsthonig, 250 gr. Sirup, 100 gr. Citronat, 2 Eßlöffel geriebene Nüsse, 1 Eßlöffel Kakao, 2 Eßlöffel Honigkuchengewürz, 10 gr. Hirschhornsalz, 2 l Wasser.

Honigkuchen:
500 gr. Mehl, 185 gr. Zucker, 30 gr. Schmalz, ½ Ei, 250 gr. Kunsthonig oder Sirup, 1/8 l Milch, 1 Backpulver, 8 gr. Weihnachtsgewürz, 65 gr. geriebene Mandeln oder Nüsse, 65 gr. Citronat.

Haferflockenmakronen:

1 Ei, 125 gr. Zucker, 1 Vanille Zucker, 3 – 4 Tropfen Bittermandelöl, etwas Salz, 200 gr. Haferflocken, 3 gr. (1 Teelöffel) Backpulver, 4 – 5 Eßlöffel Milch. (15 Minuten bei starker Hitze)

Haferflockenknusperchen:

200 gr. Weizenmehl, 6 gr. (2Teelöffel) Backpulver, 125 gr. Haferflocken, 125 gr. Zucker, 1 Päckchen Vanille Zucker, 3 Tropfen Bittermandelöl, 1 Eiweiß, 4 Eßlöffel Milch, 50 gr. Margarine, 1 Eigelb zum Bestreichen, zum Bestreuen etwas Hagelzucker. Mehl und Backpulver werden gesiebt. An den Rand des Mehls gibt man die durch eine Mandelmühle gedrehten Haferflocken. In die Mitte des Mehls wird eine Vertiefung gedrückt. Zucker, Gewürz, Eiweiß und Milch werden hineingegeben und mit einem Teil des Mehls und den Haferflocken zu einem dicken Brei verarbeitet. Darauf gibt man die in Stücke geschnittene kalte Margarine, bedeckt sie mit Mehl und Haferflocken. Drückt alles zu einem Kloß zusammen und knetet von der Mitte aus alle Zutaten zu einem glatten Teig. Sollte er kleben, gibt man noch etwas Mehl zu. Teig dünn ausrollen, beliebige Formen ausstechen, mit Eigelb und Zucker bestreichen. (10 – 15 Minuten starke Hitze)

Nußkuchen:

125 gr. Nußkerne, 200 gr. geriebener Zwieback, 75 gr. Griess, ½ Päckchen Backin, 200 gr. Zucker, ¼ l Milch, 2 Eier, 2 – 3 Tropfen Backöl, Bittermandel, Puderzucker zum Bestäuben. Die geriebenen Nußkerne, Zwieback, Grieß, Backpulver und Zucker in eine Schüssel geben und vermengen. Mit Milch verquirlte Eier hinzufügen, Backöl hinzu, alles gut verrühren. Teig in Kastenform geben. 40 Minuten gute Mittelhitze. Mit Puderzucker bestreuen.

Krümeltorte:

200 gr. Mehl, 1 Teelöffel Backpulver, 1 Vanille Zucker, 150 gr. Zucker, 50 gr. Margarine, oder 2 Teelöffel Öl, Prise Salz, Zimt, 2 Eßlöffel Milch, 1 kg Äpfel.
Mehl und Backpulver und alle Zutaten vermengen. Wenn der Teig anfängt zu krümeln, den Boden einer Springform belegen und die Krümel andrücken. Die klein geschnittenen Äpfel dazwischen schichten, eventuell Korinthen über die Äpfel streuen, die restlichen Krümel über die Äpfel verteilen. ½ Stunde bei Mittelhitze backen.

Haselnußtorte:

250 gr. Grieß, 250 gr. Zucker, 250 gr. Haselnüsse, ½ l. Milch, 1 Päckchen Vanille Zucker, 1 Päckchen Backpulver. Schwache Hitze 30 – 40 Minuten backen. Eventuell mit Vanille Krem füllen, mit Puderzucker oder Zuckerlösung überziehen.

Linzertorte:

125 gr. Mehl, 125 gr. Haferflocken, 1 Backpulver, 1 Vanille Zucker, 150 gr. Zucker, 50 gr. Fett, 1 Ei, rote Marmelade.
Mürbeteig kneten, 2/3 in Springform, Marmelade oben auf, aus dem Teigrest Gitter über die Torte geben.
Mittelhitze etwa 40 Minuten backen.

Teilchen:

60 gr. Butter, 100 gr. Zucker, 2 Eier, 15 Minuten schaumig rühren,
500 gr. Mehl und 250 gr. gekochte durchgepresste Kartoffeln dazu, 1 Backpulver.
Vierecke und Formen ausstechen, Marmelade [da]zwischen und backen.

Bisquitrolle:

2 Eier, 3 Eßlöffel Wasser, 100 gr. Zucker, 1 Vanille Zucker, 90 gr. Mehl, 1 Soßenpulver, 3 gr. (1 Teelöffel) Backpulver.
250 gr. Marmelade zum Füllen, zum Bestäuben Puder Zucker.

Apfeltorte:

30 gr. Fett, 90 gr. Zucker, 1 Vanille Zucker, 1 Ei, 150 gr. Mehl, ½ Backpulver, 1 Prise Salz, ½ Citronen Schale, 4 Eßlöffel Milch.
Auflage:
500 gr. Äpfel, 20 gr. Corinthen, 20 gr. Nüsse, 30 gr. Zucker. Fett und Zucker mit dem ganzen Ei schaumig rühren, abgerieben Citronen Schale und die übrigen Zutaten hinzugeben, Äpfel mit Zucker, Nüssen und Corinthen vermischen.
(Mittelhitze 45 Minuten backen)

Früchte – Brot:

¼ Pfund Mehl, ¼ Pfund Zucker, 2 Eier, etwas Zimt, ¼ Pfund Haselnüsse, ¼ Pfund süße Mandeln, ½ Pfund Feigen, ½ Pfund Rosinen, ¼ Citronat, ½ Backpulver.
Eier und Zucker schaumig rühren, die Früchte dazugeben, zum Schluß Mehl und Backpulver, sieben und hinein.

Falsches Marzipan:

500 gr. feinen Gries, 500 gr. Puderzucker,1 Tasse Milch, 2 Eßlöffel Butter oder Öl, Bittermandel-Essenz nach Geschmack.
Grieß, Puderzucker, Milch und Fett zu einem festen Teig kneten und dann das Mandelöl hinzugeben. 3 Tage stehen lassen und dann kleine Formen machen. Dann wieder einige Tage zum Trocknen stehen lassen.

Grieskuchen: (Kriegsrezept)

½ Pfund Zucker, 2 Eier, 1 Esslöffel Milei [?], ½ Pfund Gries, ½ Pfund Kartoffeln, 1 Backpulver, Zitrone – Butter – Aroma.

Puderzuckerguss:

Puderzucker und kochendes Wasser.
Das Wasser in die Mitte des Zuckers gießen und anrühren.

Die feine Biskuitrolle:

5 Eier, oder 2 Eier und 3 Eßlöffel Wasser, 100 gr. Zucker, 1 Vanillezucker, 90 gr. Mondamin oder Weizenmehl, eventuell 1 Soßenpulver Vanilliengeschmack, 1 gestrichener Teelöffel Backpulver. Zur Füllung Marmelade oder Pudding. Zum Bestäuben etwas Puderzucker.
Man schlägt das Eigelb mit dem Wasser schaumig (am besten mit Schneebesen) und gibt nach und nach 2/3 des Zuckers mit Vanillezucker dazu, danach schlägt man so lange, bis eine kremige Masse entstanden ist. Das Eiweiß wird zu steifem Schnee geschlagen. Dann gibt man unter ständigem schlagen nach und nach den Rest des Zuckers dazu. Der Schnee muß so fest sein, dass ein Schnitt mit dem Messer sichtbar bleibt. Er wird auf den Eigelbkrem gegeben. Darüber wird das mit Soßenpulver und „Backin" gemischt Mehl gesiebt.

Man zieht alles vorsichtig unter dem Eigelbkrem. Der Teig wird etwa 1 cm dick auf ein mit gut gefettetem Papier belegtes Backblech gestrichen. Damit er an der offenen Seite des Bleches nicht auslaufen kann, knifft man das Papier unmittelbar vor dem Teig zur Falte, so das ein Rand entsteht.

Backzeit: etwa 12 – 15 Minuten bei starker Hitze.

Nach dem backen wird der Biskuit sofort auf ein gefettetes Papier gestürzt, und das Backpapier vorsichtig, aber schnell abgezogen. Der Biskuit wird sofort gleichmäßig mit Marmelade bestrichen und von der kürzesten Seite her aufgerollt.

Man bestreut die Rolle mit Puderzucker.

Kartoffelkuchen:

40 7 50 gr. Zucker, 400 gr. Mehl, 400 gr. Kartoffeln, 40 gr. Butter, 1 Ei, 40 gr. Hefe, 4 Löffel Milch.

Quadrate schneiden, mit Marmelade füllen und Hörnchen formen, schnell backen. Puderzucker zum Bestreuen.

Marzipan – Grieskuchen:

2 Tassen Milch, 2 Tassen Gries, 2 Tassen Mandeln, 1 ½ Tassen Zucker, 1 Backpulver, einige Rosinen, Zitronenschale, einige Tropfen Bittermandelöl.

Mürbecakes mit Essig:

60 gr. Fett, 100 gr. Zucker, 2 Esslöffel Essig, 3 Esslöffel Wasser, 250 gr. Mehl, 1 Teelöffel Backpulver, Zitrone.
Fett, Zucker, Essig schaumig rühren, dann mit den übrigen Zutaten verkneten. Ausrollen und in Formen ausstechen.

Berliner Brot. (Tante Marta)

½ Pfund Mehl (50 g Mondamin), ½ Pfund Zucker, ½ Pfund Mandeln, 2 Eier, 65 g Kakao, 68 g Apfelkraut, 1 Esslöffel Zimt, 1 Teelöffel Backpulver, 1 Esslöffel geriebene Schokolade.
Teig auf Blech aufstreichen und backen. Nach Herausnahme aus Backofen sofort noch heiß in kleine Streifen schneiden.
20 Min. 3/3, 10 Min 0/0

Hefestollen

5 Pfund Mehl, ¾ Pfund Mandeln, 1/8 bittere, 2 ½ Pfund Rosinen, ½ Zitronat, 2 abgeriebene Zitronen, 200 g Hefe, 2 Pfund Fett (1/2 Butter, Rama, Schwein, Rinder, Nierenfett ½ zusammen), höchstens ½ l Milch.

Käsekuchen:

2 Schichtkäse rühren, 4 Eigelb mit Zucker schaumig rühren. Vanille Pudding Boden, kühl, abwechselnd mit Ei und Käse untereinander, zuletzt Schnee und abgeriebene Zitrone.

Nusskuchen (Anni Vits) Jägerkuchen
10 Eier (ohne zu trennen), 1 Pfund Staubzucker, 1 Pfund geriebene Haselnüsse, 3 – 4 Zwieback (mit Nüssen gerieben), ½ Päckchen Backpulver,.
Mit Puderzucker bestreuen, bei Mittelhitze backen (2/3)

Schwarze Johannisbeeren (Hochneukirch) Likör.
1 Flasche weißen Korn (32 % Getreidekorn), ergibt 2 Flaschen. In der Flasche 1/3 Johannisbeeren, 175 gr. Zucker, 1 Stange Vanille. Mit Korn auffüllen und verkorkt wegstellen, einige Monate später umfüllen.

Käsekuchen von Edith Schüler:
375 g Zucker, 4 Eier, 1 Backpulver, 1 Vanillepudding (nicht kochen, trocken dazu), 1 Vanillezucker, 1 Zitrone (Schale und Saft), 125 gr. Fett, 125 gr. Sultaninen, 2 Pfund Quark (Schichtkäse)

Kirschmichel:
In Einbackform
200 gr. gerösteter Zwieback, ¼ l Milch, 65 gr. Butter, 2 Eier, 65 gr. Zucker, Schale von ½ Citrone, 1 Pfund saure Kirschen, 1 Prise Salz. Gebackenen Zwieback (Weißbrot) rösten, mit Milch einweichen, vorher durch Mühle drehen. Butter, Zucker, Eigelb und 1 Prise Salz tüchtig verrühren. Schale einer Citrone und aufgeweichte Zwieback hineingeben. Eierschnee unterziehen. Form ausfetten, eine Schicht Teig, dann ausgesteinte Kirschen, darüber Teig und darüber Butterflöckchen.
Mäßige Hitze, etwa ½ - ¾ Stunde Backzeit.

Einbackspeise: (Einback ist ungerösteter Zwieback)

200 gr. altes Weißbrot oder Einback in Scheiben geschnitten, ¾ Pfund Mehl, 2 Eier, ungefähr 3/8 l Milch, ½ Teelöffel Salz, 3 – 4 Eßlöffel Zucker, nach Belieben 1 Pfund Äpfel in Scheiben geschnitten, etwas Milch, 3 Eßlöffel Knibbrot – Paniermehl, 30 gr. Butterflöckchen. Eierkuchenteig herstellen (etwas Vanille oder Citrone hinzu). Form ausfetten, 1 Lage ungerösteten Zwieback reingeben, darüber einen Teil des Eierkuchenteiges, dann Apfelscheiben, mit Eierkuchenteig schließen. Butterflöckchen darüber und Paniermehl. In der 2. Milch wird das Paniermehl (Knibbrot) eingetaucht, um einzuweichen. 1 Stunde Backzeit.

Rote Apfelspeise:

1 Pfund Äpfel, ¾ l Wasser, Schale von ½ Citrone, etwa 3 Eßlöffel Citronen Saft, ¼ Pfund Zucker, 20 – 25 gr. rote Gelantine.
Äpfel in Stücke schneiden, mit Wasser und Citronen Saft weich kochen, durchschlagen, mit Zucker nochmals aufkochen. Gelatine in kaltem Wasser weich werden, abtropfen lassen und in die Speise geben, aber nicht mehr kochen lassen.
(Man reicht hierzu Vanilletunke)

Verschiedenes und Salat

Kopfsalat

Salat, 2 Eßlöffel Essig, 2 Eßlöffel Oel oder Speck, 1 Eßlöffel Wasser, ½ Teelöffel Salz, etwas Zucker, gehackte Kräuter (Schnittlauch, Petersilie, Kerbel, Dill, Estragon, Boretsch, Kresse)

Verschleiertes Bauernmädchen:

¾ Pfund weißer Käse, 3 – 4 Eßlöffel Zucker, 1 Teelöffel feinen Zimmt, etwas Milch, ½ Pfund geriebenes Brot, 3 – 4 Eßlöffel Zucker, 2 Eßlöffel geriebene Schokolade. Kompott von ½ Pfund frischem Obst.

Der weiße Käse wird durch ein feines Sieb gegeben, mit Milch, Zimmt und Zucker gut verrührt. Das geriebene Brot mit Zucker und Schokolade vermengt. Käse, Obst und Brot werden schichtweise in eine Glasschale gefüllt, mit Brot verziert und kalt zu Tisch gegeben.

Bierkaltschale:

1 l Bier und Wasser gemischt oder reines Bier, 20 gr. geriebenes Schwarzbrot, 1 – 2 Eßlöffel Zucker, nach Belieben eine Kapsel Kardamon gestoßen, 1/8 l Wasser, 30 – 50 gr. Korinthen in Wasser aufgekocht (in Mehl abreiben, in lauwarmen Wasser waschen, und auf dem Herd abquellen. 1 Citronenscheibe ohne Kern.

Gurkensalat:

1 Gurke, 1 – 2 Eßlöffel Salz, etwa 1/8 l Essig, etwas Wasser, Pfeffer, 1 Prise Zucker, Kräuter.
Gurke schälen, in Scheiben schneiden, salzen, 10 Minuten mit Zutaten vermischen

Tomatensalat:

1 Pfund Tomaten, 1 – 2 Eßlöffel Salz, Pfeffer, 1 Zwiebel, Essig mit Wasser verdünnt, gehackte grüne Petersilie, 1 Prise Zucker.
Die Tomaten werden in Scheiben geschnitten. In eine Glasschale legt man eine Schicht Tomaten, etwas Salz, Pfeffer, Zwiebel darüber, dann wieder eine Schicht Tomaten. Zum Schluß den verdünnten Essig, Zwiebel und gehackte grüne Petersilie.

Endivien – Salat:
1 kleiner Kopf Endivie, 2 Eßlöffel Oel, 1 – 2 Löffel Essig, etwas Wasser, Salz, Pfeffer, Zwiebel und Zucker.

Heringsalat:
2 Heringe, nach Belieben 200 gr. Kalbsbraten oder Suppenfleisch, ½ Pfund gekochte Kartoffeln, 150 gr. saure Gurken, 150 gr. saure Äpfel, 1 Teelöffel Senf, 2 Eßlöffel Oel, 2 – 3 Eßlöffel Essig, 1 kleine Zwiebel, Zucker, Pfeffer, Salz nach Geschmack, ½ Pfund rote Rüben.
Alle Zutaten in ganz kleine Würfel schneiden. Tunke herstellen und herübergeben. Garnieren mit Ei, Petersilie, Sardellen, Gurken, roten Rüben, Nüssen, Kapern dazwischen legen. – Geschmack des Salates: süß - säuerlich – oder siehe Tunke beim Kartoffelsalat- im Wasserbad geschlagen.

Apfelsinencreme:
4 Eier, 100 g Zucker, 2 Apfelsinen, 1 Zitrone, 6 Blatt Gelatine, Eigelb, Zucker, abgeriebene Apfelsinenschale, Apfelsinen- und Zitronen Saft (etwa ¼ l) schaumig schlagen und in 6 Eßlöffel Wasser gelöste Gelatine zufügen, wenn die Masse dicklich wird, steifen Eischnee unterheben.

Yoghurt – Sahnecreme:
2 Eßlöffel geh. gemahlene Gelatine, 3 Eßlöffel kaltes Wasser, 1 Flasche Joghurt, 1/8 l Milch, 1 Zitronen Saft, 75 gr. Zucker, 1 Vanillezucker, 1/8 l Schlagsahne

Kompotte und Eingemachtes

Rhabarberkompott:

Zutaten: 1 Pfund Rhabarber, 100 gr. Zucker, knapp 1/8 l
Wasser.
Zubereitung: Rhabarber in Würfel schneiden, abbrühen,
weich kochen mit 1/8 l Wasser.

Rhabarbermarmelade:

2 Pfund Rhabarber, ½ Pfund Zucker.
Rhabarber waschen, in Stücke schneiden, abends in
Zucker setzen, morgens mit Zucker kochen lassen, bis er
dick ist, in die vorbereiteten Gläser füllen. (Rhabarber
stets abbrühen, damit man nicht so viel Zucker braucht)

Rhabarber einwecken:

Bei 1 l Wasser, 400 gr. Zucker.
Rhabarber sorgfältig waschen, in gleichmäßige Stücke
schneiden, in die vorbereiteten Gläser füllen, die
Zuckerlösung hinzugeben. (2 Finger breit vom Rande
entfernt), schließe die Gläser mit sauberen Gummiringen
und sterilisiere 20 Minuten bei 90°.

Rhabarber roh, in Flaschen:
Man schneidet den Rhabarber in kleine Stücke, füllt diese Stücke in gut gereinigte Flaschen, übergießt sie mit klarem Wasser, verkorkt und verlackt diese.

Rhabarberbrei in Flaschen:
1 kg Rhabarber, knapp ¼ l Wasser, unter Rühren alles zu einem Brei kochen, sofort in gereinigte Flaschen füllen, diese verkorken und verlacken.
(Vorbereitung von Flaschen, in Sodawasser spülen, mit Flaschenreiniger säubern, ausspülen in frischem Wasser, auslaufenlassen – ausgekochte neue Korken)

Sauerampfer einmachen:
Sauerampfer verlesen, gründlich waschen, mit wenig Wasser weich kochen, durch einen Durchschlag rühren, den Brei noch etwas einkochen lassen, in vorbereitete erwärmte Flaschen füllen, diese verkorken und verlacken.

Erdbeeren sterilisieren:
2 Pfund Erdbeeren, ungefähr ¼ l Wasser; 300 gr. Zucker.
Erdbeeren waschen, in der Zuckerlösung langsam auf etwa 80° (wenn sie Blasen schlagen) erhitzen, Im Saft abkühlen lassen, in vorbereitete Gläser füllen, langsam auf 75° erhitzen und 15 Minuten sterilisieren.
(Um die Farbe der Erdbeeren zu erhalten, kann Himbeeressig zugegeben werden)
(Gummiringe müssen ganz trocken sein, 2 Finger breit vom Rande füllen, der Saft grade über den Früchten stehen)

Kirschkompott:
Die gewaschenen und entsteinten Kirschen werden lagenweise in einer Zuckerlösung weichgekocht, die besteht aus: 80 gr. Zucker, Zimmt, Zitronenschale.

Rote Grütze:
1 Pfund Johannis und Himbeeren gemischt, ½ l Wasser, 90 gr. Mondamin oder ¼ Pfund Gries, 150 gr. Zucker.
Die Johannis- und Himbeeren werden in ½ l Wasser abgekocht, durch ein Haarsieb gerührt. Der Saft wird zu 1 l Flüssigkeit mit Wasser aufgefüllt, mit Zucker aufgekocht. In die kochende Flüssigkeit gibt man das mit Fruchtsaft angerührte Mondamin, lässt es 3 – 5 Minuten kochen, gibt es in Formen, lässt diese erkalten, stürzt sie und gibt die Rote Grütze mit Milch oder Vanillesauce zu Tisch.

4 - Fruchtmarmelade:
Johannisbeeren, Himbeeren, Stachelbeeren und Kirschen je 1 Pfund 2 Pfund Zucker.
Die gut gewaschenen und vorbereiteten Früchte werden mit dem Zucker dick eingekocht und in geschwefelte Gläser gefüllt.

Johannisbeer – Gelee:
1 Pfund Saft, 1 Pfund Zucker, recht reife Johannisbeeren vorbereiten, (2 Pfund Beeren – 1/8 l Wasser) aufkochen, auf ein Tuch geben, den gewonnenen Saft messen, mit dem Zucker verrühren, etwa 2 Minuten kochen, zur Seite ziehen, abschäumen und bis zur Gallertprobe weiter kochen lassen.

Kirschfleisch:
2 Pfund Kirschen, 1 – 1 ½ Pfund Zucker.
Die entsteinten Kirschen werden in die dicke Zuckerlösung gegeben, weichgekocht. (10 Kirschkerne zerhackt mitkochen lassen). Die Kirschen werden in geschwefelte Gläser gefüllt, der Saft dick eingekocht und über die Kirschen gegossen.

Himbeersaft:
2 Pfund Beeren werden mit ¼ l Wasser aufgekocht, auf ein Tuch gegeben. Der gewonnene Saft wird gemessen; auf 1 l Saft gibt man 1 Pfund Zucker, kocht den Saft auf; nach dem abschäumen noch 15 Minuten kochen und füllt den Saft noch heiß in vorbereitete Flaschen, welche verkorkt und verlackt werden.

Mixed Pickles:
Verschiedene junge Gemüse, wie Möhren, Erbsen, Blumenkohl, Rosenkohl, Salatbohnen, Pfefferkörner, Perlzwiebeln, junge Maiskolben.
Blumenkohl wird in einzelne Röschen geteilt, geputzt, nicht zu weich gekocht, ebenso die Bohnenschoten, Körner, Möhren. Die Pfefferkörner werden in Wasser gebürstet, dann eine Nacht in Salzwasser gelegt. Die Perlzwiebel werden mit einem groben Tuch abgerieben und wenn nötig, abgezogen. Dann schichtet man in ein Einmachglas alle Zutaten recht zierlich geordnet ein, legt dazwischen Dillblüten, Estragon-Blätter und einige Senfkörner. Alles wird mit aufgekocht, muß erkalten, und mit gekochtem Weinessig, dem man nach Belieben etwas Zucker zufügen kann, übergossen. Gläser mit Pergamentpapier verschließen.

Apfelgallert:

Saure Äpfel mit Schale mit gleichstehendem Wasser weich kochen, auf ein Tuch gießen, den gewonnenen Saft wiegen. Auf 1 Pfund ½ Pfund Zucker nehmen und zu Gallert einkochen. Der im Tuch verbleibende Rückstand wird durch ein Sieb gestrichen, nach Geschmack mit Zucker verkocht und als Brotaufstrich verwendet.

Blaubeeren einmachen:

Blaubeeren verlesen, waschen, unter stetem Rühren 10 Minuten kochen und Zucker, ganz ohne Wasser, zusetzen. So heiß wie möglich in vorbereitete Flaschen füllen, diese sofort verkorken und verlacken.

Johannisbeersaft mit Weinstein:

3 l Beeren (Johannis – Himbeer – Erdbeeren – oder Kirschen, 2 l Wasser, 50 gr. Weinsteinsäure. Die vorbereiteten Früchte werden zerstampft, die Weinsteinsäure in dem kalten Wasser gelöst und über die Früchte gegossen. Nach 24 Stunden gibt man die Masse auf ein Tuch zum durchlaufen und gibt auf ½ l durchgelaufenen Saft 500 gr. Zucker. Man rührt beides so lange, bis der Saft ganz klar ist, (es kann ungefähr ½ Stunde dauern) dann füllt man ihn in Flaschen, verbindet diese mit doppelten Mull-Läppchen und verwahrt sie trocken und kalt.

Johannisbeeren in Trauben: (als Tortenbelag)

1 Pfund Johannisbeeren, 1 Pfund Zucker, ¼ l Wasser, recht schöne Johannisbeertrauben werden gewaschen, in gut gereinigte, nicht zu weithalsige Flaschen gelegt und mit der zum 3° gekochten Zuckerlösung übergossen. Man verschließt die Flaschen mit Korken, die Gläser mit Schweineblase und lässt sie in Heu oder Holzwolle vom Kochen abgerechnet, 10 Minuten kochen. (Wasser darf bis ¾ der Gläser stehen)

Birnenkompott:

1 Pfund Birnen, 1/8 l Wasser, 80 – 100 gr. Zucker, 1 cm Zimmt, 2 – 3 Gewürzkörner, wenn nötig, etwas Citronen Saft. Die geschälten, vorbereiteten Birnen in der fertig gestellten Zuckerlösung mit Zimmt und Gewürz weich kochen. (Damit die geschälten Birnen nicht braun werden, legt man sie in etwas Citronen Wasser.)

Birnen in Essig und Zucker einmachen:

5 Pfund Birnen, 1 l Weinessig, 1 ½ Pfund Zucker, Zimmt und Nelken nach Geschmack.
Birnen vorbereiten, in Weinessig, Zucker und Gewürz, (man nimmt für letzteres am besten ein kleines Mullbeutelchen), weich kochen, etwas stehen lassen und in Steintöpfe füllen, da sonst die Farbe verloren geht.

Fliederbeerensaft:

Beeren abstengeln, waschen, mit gleich stehendem Wasser weich kochen, auf ein Tuch gießen, nach 24 Stunden den gewonnenen Saft messen, auf 1 L 200 gr. Zucker nehmen, 15 Minuten kochen lassen, noch heiß in vorbereitete Flaschen füllen, sofort verkorken und verlacken. Den Rückstand gebraucht man für Suppen.

Tomatenbrei in Flaschen einmachen:

Reife, schöne Tomaten werden gewaschen, in Stücke geschnitten, weich gekocht, durch ein Sieb gestrichen, etwa ½ Stunde eingekocht. Dann in vorbereitete Flaschen gefüllt, diese verkorkt, verbunden, in Wasser noch ½ Stunde gekocht.

Fruchtsülze:

1 ½ Pfund Quitten und Birnen gemischt, etwas mehr Quitten als Birnen, ½ - 3/3 l Wasser, 80 – 100 gr. Zucker, Citronen Schale, 25 – 30 gr. Gelatine.
Vorbereitete Quitten und Birnen ungeschält in kaltem Wasser weich kochen mit Citronen Schale; durchschlagen, aufkochen, dann süßen und aufgelöste Gelatine hinzugeben.

Bohnen im Weck:

Bohnen vorbereiten, in kochendem Salzwasser einmal aufkochen, gut abtropfen lassen, in vorbereitete Gläser füllen, eingekochte, abgekühlte Salzlösung herübergießen. 1 Stunde sterilisieren. (Alle Gemüse werden nach 2 – 3 Tagen nochmals nachsterilisiert.

Grüne Bohnen in Essig und Zucker:

1 Pfund grüne Bohnen (Prinzessbohnen) ¼ l Weinessig, 1 Prise Natron, ¼ Pfund Zucker, nach Belieben 1 Stückchen Zimmt. Die vorbereiteten Bohnen in heißem Salzwasser und Natron weichkochen, auf einem Durchschlag abtropfen lassen und auf einem sauberen Tuch vollständig nachtrocknen. Essig, Zucker und Zimmt aufkochen, die Bohnen 3 Minuten darin kochen lassen. In vorbereitete Gläser oder Töpfe füllen, den Saft dick einkochen, herübergießen, kalt verschließen.

Quittenpaste oder Brot:

Weichgekochte Quitten (in wenig Wasser) durch ein Sieb streichen und auf 1 Pfund Brei 1 Pfund Zucker nehmen und unter Rühren sehr dick einkochen, bis die Masse sich vom Topf löst. 1 cm hoch auf eine feuchte Emailleplatte streichen, einige Tage in Zimmertemperatur trocknen lassen, dann beliebig schneiden und in Kristallzucker wenden.

Quitten in Zucker:

1 Pfund Quitten, 4 Löffel Citronen Saft, 1 Pfund Zucker, reichlich ¾ l Wasser. Die Quitten trocken abreiben, schälen, in Scheiben schneiden, Kernhaus entfernen. Schalen und Kernhaus kocht man in ¾ l Wasser 30 Minuten und gießt dieses durch ein Sieb über die mit Citronen Saft und wenig Wasser versehenen Quitten-Scheiben und kocht sie dann weich. Mit Schaumlöffel die Quitten herausnehmen, das Quittenwasser bis zum 2. ° einkochen, dann die Quitten nochmals 5 Minuten darin kochen. Am nächsten Tag wird der Saft allein dick gekocht und über die Quitten gegossen; dann noch einmal aufkochen und in Gläser füllen.

Wein – Gelee:

¾ l Mosel- oder Apfelwein, ¼ l Wasser, ¼ Pfund Zucker, 35 gr. weiße oder rote Gelatine.
Zunächst Wasser mit Zucker kochen, dann Wein hinzugeben, zuletzt Gelatine; kalt stellen und stürzen.

Kürbis I. (einmachen)

4 Pfund Kürbis, 1 ½ Pfund Zucker, 1 Stück Ingwer, 1 Stück Zimmt, 1 Citrone in Scheiben geschnitten ohne Kern.
Vorbereitung: Kürbis durchschneiden, in 1 cm dicke Scheiben schneiden; alles weiche mit dem silbernen Löffel herausnehmen, mit Buntmesser in Stücke schneiden, salzen, 12 Stunden stehen lassen. Zuckerlösung aus Zucker und etwa ¼ - 3/8 l Wasser herstellen und den Kürbis darin klar und glasig kochen. Die Gewürze in einem Beutelchen hereingeben.

Kürbis II.

An Stelle der vorgenannten Gewürze verwendet man eine Stange Vanille.

Kartoffelspeisen

Saure Kartoffeln:

Zutaten: 2 Pfund Kartoffeln, 80 gr. Speck, 1 Zwiebel, ½ Esslöffel Mehl, reichlich ¼ l Flüssigkeit, Zucker, Salz, Essig nach Geschmack.
Zubereitung: Pellkartoffeln gar kochen, in Scheiben schneiden. In Würfel geschnittenen Speck auslassen bis er braun ist, rausnehmen, Zwiebel in Würfel schneiden, in die Kasserolle geben und braun werden lassen, auch diese rausnehmen zu den Specküberresten; dann mit einem Löffel Mehl zu einer Schwitze rühren bis es dunkelbraun ist, reichlich heißes Wasser zugießen; mit Zucker, Essig und Salz schmackhaft machen. Kartoffeln in Schüssel füllen und die gemachte Tunke darüber geben.

Salzkartoffeln:

1 ½ Pfund Kartoffeln, Wasser, 2 Eßlöffel Salz.

Brühkartoffeln:

2 Pfund Kartoffeln (1/2 cm dicke Scheiben), etwas Brühe. Kartoffeln 1 – 2 Minuten aufkochen lassen, abschütten, Brühe auffüllen, gar kochen, Esslöffel Petersilie durchschwenken.

Kartoffelbrei:
2 Pfund Salzkartoffeln, ungefähr ¼ l Milch, ½ Esslöffel
Fett oder Butter, Salz nach Geschmack.
Kartoffeln kochen, abschütten, stampfen, Butter in Milch
zerlassen, darüber geben, unter ständigem Rühren noch
einmal aufkochen lassen. Bergförmig anrichten und in
Butter geröstete Zwiebel darüber geben.

Röstkartoffeln:
Recht große Kartoffeln werden geschält, mit einem
Bohrer zu kleinen Kartoffeln ausgestochen, in
Salzwasser einmal aufgekocht, abgegossen, abgetrocknet
und in recht heißem Fett auf der Stielpfanne von allen
Seiten gebräunt.

Kartoffelsalat:
Auf 3 Pfund gekochte Kartoffeln, ½ l Flüssigkeit, halb
Brühe, halb Essig, 1 – 2 Eier, Salz, Pfeffer, 1 geriebene
Zwiebel, 1 Teelöffel Senf, etwas Zucker, 20 gr. Stärke,
Mondamin oder Maizena, gehackte Kräuter, Dill,
Schnittlauch, Boretsch, Petersilie.
Die Zutaten zur Tunke werden miteinander verquirlt
und dann im Wasserbade geschlagen, bis die Tunke
dicklich wird. Dann gibt man sie über die in Scheiben
geschnittenen Kartoffeln. Die Kartoffeln werden nach
dem abquellen mit Brühe und Essig übergossen.

Kartoffelbällchen:
Reste von gekochten Kartoffeln werden durch die
Fleischmühle gedreht, mit Salz, Muskat und einem Ei
tüchtig verrührt, Kugeln gedreht, diese in Stoßbrot
gewendet und in reichlich heißem Fett braun gebraten.

Apfelkartoffeln: (Himmel und Erde)
2 Pfund Kartoffeln, 2 Pfund Äpfel, 50 gr. Speck, Essig, Salz und Zucker nach Geschmack, 1 Zwiebel.
Kartoffeln in kleine Stücke schneiden und gar kochen, abschütten und dämpfen. Die Äpfel schälen, in Stücke schneiden und gar kochen, dann die Äpfel den Kartoffeln beigeben; von der Apfelbrühe auffüllen, die in Speck gedünstete Zwiebel hinzu, Zucker und Salz abschmecken.

Kartoffelklösse:
2 Pfund gekochte Kartoffeln, ¼ Pfund Gries, 1 Ei, Salz nach Geschmack, etwas Muskat, 1 Eßlöffel flüssiges Fett, kochendes Salzwasser.
Unter die Kartoffeln nach Belieben geröstete Semmelbröckchen.
Verändert werden die Klöße durch Zugabe von etwas Zimmt, Zucker, Citronen Schale. (Muskat lässt man dann fort).
Kartoffeln abends vorher vorbereiten, kochen und durch die Mühle geben. Klöße ohne Deckel kochen, von kochen abgerechnet 8 Minuten.

Bechamelkartoffeln:
2 Pfund gekochte Kartoffeln, 50 gr. Fett, 1 Zwiebel, 2 Eßlöffel Mehl, 50 gr. Schinkenwürfel, ½ l Brühe, 1 Gewürzdosis, Salz, weißen Pfeffer, 1/8 – ¼ l süße Sahne oder Milch. Pellkartoffeln abziehen, in Scheiben schneiden. Fett zerlassen, Zwiebel und Schinken hineingeben, dünsten lassen, Mehl zugeben, Brühe und Milch auffüllen, 10 Minuten durchkochen lassen mit Gewürz und über die Kartoffeln geben.

Inhaltsverzeichnis

Herstellung und Verlag: Books on Demand GmbH, Norderstedt
ISBN: 978-3-844804-86-7